Goerd Peschken/Johannes Althoff

Das Berliner Schloß

# Das Berliner Schloß

Goerd Peschken/Johannes Althoff

**Berlin Edition**

# Inhalt

| | |
|---|---:|
| Das Antlitz Berlins | 9 |
| Die Stadtresidenz der Markgrafen | 12 |
| Die Zwingburg | 13 |
| Die reformationszeitliche Residenz | 17 |
| Das Schloß des Großen Kurfürsten | 24 |
| Die Verwandlung zum Königsschloß: Schlüters Umbau | 28 |
| Die Verdoppelung des Schlosses: Eosanders Erweiterung | 40 |
| Verwaltungsbau am Exerzierplatz: Des Soldatenkönigs Schloß | 44 |
| Vom Rokoko zum Klassizismus | 47 |
| Zwischen Gottesgnadentum und bürgerlicher Revolution: Die Vollendung des Schlosses | 53 |
| Unter Ausschluß der Öffentlichkeit: Das kaiserliche Schloß | 58 |
| Nach dem Sturz der Monarchie | 62 |
| Die Hinrichtung eines Kulturdenkmals | 63 |
| Literatur | 70 |
| Abbildungsnachweis | 71 |

**Das Antlitz Berlins**

Als die ideologische Zerstörungswut der DDR-Machthaber im Jahre 1950 in einem Akt der Kulturbarbarei die durchaus ansehnlichen Reste des Berliner Stadtschlosses sprengte, ging mit ihnen nicht nur ein wichtiges Zeugnis der preußischen und deutschen Geschichte, sondern auch das prächtigste und künstlerisch herausragendste Gebäude Berlins, ja gar eines der bedeutendsten Kulturdenkmäler Europas unwiderruflich dahin.

Selten hat ein Großbau die Schicksale der politischen Kraft, die ihn sich geschaffen hatte, so sehr geteilt wie das Berliner Schloß. Seine Mitte des 15. Jahrhunderts durch die brandenburgischen Kurfürsten erfolgte Gründung als Zwingburg repräsentiert eine frühe Stufe landesfürstlich-absolutistischer Herrschaft. Sein glanzvoller Ausbau ein knappes Jahrhundert später spiegelt den Aufschwung und die Konsolidierung landesfürstlicher Gewalt in der Reformationszeit. Der vielbewunderte barocke Um- und Ausbau dann in der Zeit um 1700, der bis zuletzt dem Schloß und der ganzen Stadt Berlin das Gesicht gegeben hat, stand in wohlbewußtem Zusammenhang mit der Begründung des Königreichs Preußen. Als Preußen schließlich den deutschen Nationalstaat begründete, wurde das Schloß, knapp 30 Jahre zuvor mit einer mächtigen Kuppel bekrönt, zum Sinnbild des zweiten deutschen Kaiserreichs.

‚Residenz' war nicht das Berliner Schloß allein – ‚Residenz' im weiteren Sinne, das war ursprünglich die ganze Stadt. Von den späteren, zur Inszenierung eines innerstädtischen Raumes im Umfeld des Schlosses bestimmten Stadterweiterungen wie der Dorotheen- und Friedrichstadt einmal abgesehen: Zeughaus, ‚Alte Post' und Marstall gehörten hierzu ebenso wie der Jägerhof – Bauten, die ursprünglich auf dem Schloßgrundstück selbst untergebracht gewesen sein müssen. Von der ‚Alten Post' und vom Jägerhof sind nur die Namen der im Nikolaiviertel gelegenen ‚Poststraße' sowie der ‚Jägerstraße' in der Friedrichstadt übriggeblieben. Die Schloßbrücke, von der die Regenten und ihr Gefolge mitsamt der Hundemeute in den Tiergarten zur Jagd zogen, hieß bis ins letzte Jahrhundert hinein ‚Hundebrücke'. Für die Jagd – adliges Privileg, das Sport und zugleich Zeremoniell bedeutete und darüber hinaus der Versorgung des Hofes mit Fleisch diente –, aber auch zum Zeitvertreib und zur Übung im Gebrauch der Waffen hielten sich Adel und Fürsten weite Wälder. Wichtigstes Jagdgebiet der brandenburgisch-preußischen Herrscher war neben dem Tiergarten der Grunewald, in dem sich Kurfürst Joachim II. eigens ein Jagdschloß hatte errichten lassen. Die Anbindung der Reviere an das Berliner Schloß erfolgte über Wege, denen noch heute im Straßennetz Berlins überragende Bedeutung zukommt: Die Straße Unter den Linden verband das Schloß mit dem Tiergarten, und der alte Weg zum Grunewald führte über den heutigen Potsdamer Platz und den Kurfürstendamm. Diese heute berühmtesten Magistralen Berlins sind mithin auf ein Zentrum hin ausgerichtet, das inzwischen verschwunden ist.

Vor allem aber der politische und geistige Rang, den Berlin innehat, wäre undenkbar ohne das Schloß und seine Fürsten aus dem Hause Hohenzollern. War es doch Keimzelle nicht nur des preußischen Staats- und Verwaltungsapparates, sondern auch der kulturellen Institutionen: Dom,

*Abb. 1: Luftbild vom Schloß mit der Kuppel. Blick von Osten. Aufnahme von 1919.*

Theater und Oper, Museum, Akademie und Bibliothek waren zunächst in seinen Gemäuern untergebracht. Sie hat es im Laufe seiner Geschichte aus sich ausgesondert.

Als das bauliche Symbol des brandenburgisch-preußisch-deutschen Staates schlechthin hätte das Schloß, nach der Abdankung des letzten deutschen Kaisers 1918 aus der aktiven Geschichte entlassen, in den Bestand des kulturellen Erbes Europas überführt werden können. Doch die Katastrophe Preußen-Deutschlands wurde auch ihm zum Verhängnis: Es brannte Anfang 1945 aus. Seine Mauern – und mit ihnen das Gesicht Berlins – sind schließlich dem Haß auf die eigene Geschichte und Identität zum Opfer gefallen.

### Die Stadtresidenz der Markgrafen

Als die Markgrafen von Brandenburg aus dem Geschlecht der Askanier um 1225 das Städtepaar Berlin-Cölln gründeten, behielten sie sich ein Grundstück in der Klosterstraße zum eigenen Aufenthalt vor, von dem sie später die eine Hälfte an das Franziskanerkloster (das spätere Graue Kloster) abtraten. Hier ließ sich Markgraf Otto III. Mitte des 13. Jahrhunderts einen landesherrlichen Wohnsitz errichten, der in einer Urkunde aus dem Jahr 1261 als ‚Aula Berlin' erwähnt wird. Die letzten Überreste dieses zu Beginn des 14. Jahrhunderts zum ‚Hohen Haus' umgebauten und erweiterten Gebäudes, in dem die Markgrafen Brandenburgs, wenn sie sich in der Stadt aufhielten, bis ins 15. Jahrhundert logierten, sind erst 1931 abgerissen worden.

Ein neues Kapitel in der Geschichte Brandenburgs wurde aufgeschlagen, als im Jahr 1411 der Burggraf Friedrich IV. von Nürnberg aus dem Geschlecht der Hohenzollern zum ‚Verweser und Hauptmann' der Mark Brandenburg bestellt wurde. Es zeugt von der Bedeutung, die der Doppelstadt Berlin-Cölln schon in dieser Zeit beigemessen wurde, daß sich Friedrich IV. zuerst hier huldigen ließ. Nachdem er 1415 als Friedrich I. zum Markgrafen von Brandenburg ernannt und 1417 schließlich mit der Kurwürde belehnt worden war, hielten ihn seine Ambitionen in der Reichspolitik (zweimal hat er sich – vergeblich – um die Krone des deutsch-römischen Königs beworben) von der Region fern: Er betrachtete die Mark Brandenburg lediglich als Außenposten seiner Stammlande. Zu seinem Statthalter ernannte er seinen Sohn Johann den Alchimisten. 1437 wurde dieser durch seinen Bruder Friedrich (II.) abgelöst, der schließlich 1440 auch die Kurfürstenwürde erbte.

## Die Zwingburg

Es waren innerstädtische Auseinandersetzungen zwischen den Großkaufleuten und Handwerkern Berlin-Cöllns, die – wenn er sie nicht gar selbst angezettelt hat – Kurfürst Friedrich II. ‚mit den eisernen Zähnen' zumindest den willkommenen Anlaß boten, die rebellische Doppelstadt und darüber hinaus die Mittelmark ein für allemal in seine Botmäßigkeit zu zwingen. Er ließ in den Jahren 1443-50 auf dem nördlich der Stadt Cölln gelegenen Gelände der Insel eine Wasserburg errichten. Der als ‚Berliner Unwillen' gegen diese Maßnahme in die Geschichte eingegangene Widerstand der Berlin-Cöllner Bürgerschaft, die 1448 durch

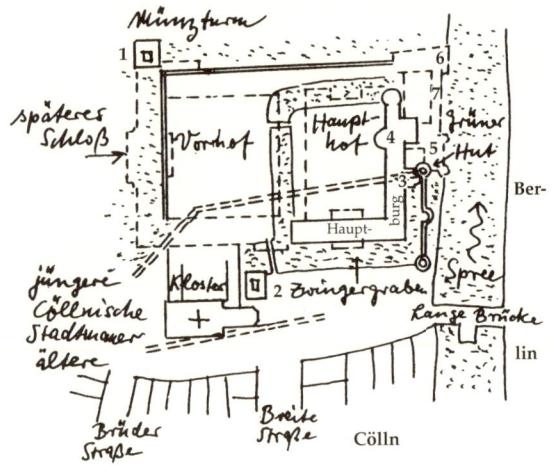

*Abb. 2: Das Schloß Kurfürst Friedrichs II. Vom Verfasser erstellter Grundriß.*

Öffnung der Spreeschleusen den Bauplatz unter Wasser setzte, war vergebens: 1451 bezog Friedrich II. seine neue Residenz. In dieser Maßnahme kündigte sich bereits der landesherrliche Absolutismus an, politisches Thema der nächsten 400 Jahre.

Diese Zwingburg hatte eine ideale Lage: Denkt man sich das rechts der Spree gelegene Berlin als Hälfte eines Kreises, so ergänzte das auf der Insel gelegene Cölln diesen um ein weiteres Viertel. Das sich nördlich daran anschließende restliche Viertel war sumpfige Niederung, bestens geeignet für eine Wasserburg, die so angelegt wurde, daß sie sich mit der Spitze genau bis an die Kreismitte, also gleichsam zwischen die beiden Städte schob (Abb. 2).

Wasserburgen, für die ohnehin Wasserläufe verlegt und beim Aushub trockene Plätze aufgehäuft werden müssen, sind im 15. Jahrhundert in der Regel schon geometrisch angelegt worden. Das Schloß nahm ein Rechteck von ungefähr 100 x 200 Meter ein; die vier Flügel des späteren Königsschlosses umschrieben noch das ursprüngliche Areal.

Die Hauptburg nahm den östlichen, zur Spree hin gelegenen Teil des Anwesens ein. Nach allem, was wir wissen, war sie an ihren drei Außenseiten durch eine Vorbefestigung geschützt, in die, an der Flanke zur Spree, ein Teil der cöllnischen Stadtmauer mitsamt einem Eckturm (dem späteren ‚Grünen Hut') einbezogen und damit sozusagen gegen die Stadt ‚umgedreht' war. Die Burg verfügte über zwei Kanonentürme: Der eine (1), der spätere ‚Münzturm', war an der Westecke der Vorburg gelegen und sicherte den Zugang zum freien Land; mit ihm konnte der Kurfürst seinen Anteil zur Stadtverteidigung beisteuern. Im Süden vor dem Haupttor (Portal II) befand sich der andere Kanonenturm (2), der später als Glockenturm für die unmittelbar benachbarte Domkirche fungierte; mit ihm konnten die Städte Berlin und Cölln in Schach gehalten werden. Eine militärisch glänzende Disposition, war auf diese Weise doch das Schloß einerseits gegenüber den Städten Berlin und Cölln befestigt, zugleich aber auch Bestandteil von deren Befestigungssystem: Für sich allein waren sie nun nicht mehr verteidigungsfähig.

Der Wohntrakt befand sich im zweiten Stock und im nördlichen Teil der entlang der Spree sich erstreckenden Hauptburg. Im ersten Stock des südlichen Teils war der Ständesaal untergebracht. Er fungierte als Festraum für die

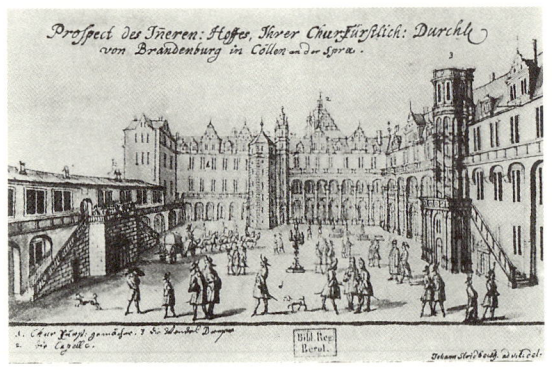

*Abb. 3: Die kurfürstlichen Gemächer waren standesgemäß über eine Schneckenrampe zu erreichen: Blick von Westen in den inneren Schloßhof. Am Spreeflügel nebeneinander der Rampen- und der Schneckenturm; rechts die offene Prunktreppe am Stechbahnflügel; links der Lustgartenflügel, damals noch das Zeughaus. Vedute von Johann Stridbeck d. J., um 1690.*

Staatsaktionen, in dem sich die Kurfürsten von den ersten beiden Ständen, Adel und Geistlichkeit, huldigen ließen (die Bürger mußten ihnen im Hof Treue schwören).

Auch die dem Hl. Erasmus geweihte Burgkapelle (3) war in die Hauptburg integriert. Ihr wurde von Kurfürst Friedrich II. der Rang eines Kollegiatstifts mit neun Kanonikerplätzen verliehen, was den Anbau des Chores veranlaßt haben dürfte, mit dem die Hauptburg an die Mauer der Vorbefestigung heranreichte.

Die kurfürstlichen Wohnräume erstreckten sich über die Kapelle und seit den Erweiterungen Joachims II. auch über den großen Saal hinweg, was den Effekt hatte, daß der Fürst, wenn er mit seinem Gefolge im Saal speisen wollte, von ‚oben' herabstieg, was selbstverständlich als Rangdemonstration gemeint war. Die oberen Gemächer waren über einen davor gelegenen Rampenturm (4) standesgemäß zu Pferde, per Kutsche oder im Schlitten zu erreichen (Abb. 3). Solche Türme, in die eine Schneckenrampe eingebaut ist, können noch heute etwa im Vatikanspalast oder im Schloß Torgau besichtigt werden.

Der in westlicher Richtung gelegene Teil der Burg bildete den Vorhof. Dort, beim späteren Portal II, hat sich seit je der Eingang befunden. Der Zugang über den Vorhof bot den taktischen Vorteil, daß die Feinde, waren sie bereits in die Vorburg eingedrungen, einen möglichst langen Weg mit ungedeckter Schwertseite entlang der Mauer zwischen Vor- und Hauptburg zurücklegen mußten. Selbstverständlich existierte auch ein Pförtchen auf der nördlichen Seite, das ins offene Land führte und sich wahrscheinlich in der Gegend des späteren Portals IV befunden hat.

**Die reformationszeitliche Residenz**

Mit der Unterwerfung Berlins und der Gründung des Schlosses war die Stadt zunächst nur eine der bevorzugten Residenzen der brandenburgischen Kurfürsten geworden. Denn wie die Regenten des Mittelalters waren diese noch in ihren Landen unterwegs, hielten Gericht und vollzogen Verwaltungsakte vor Ort. Doch im Laufe der folgenden Jahrzehnte, mit der allmählichen Herausbildung eines zentralen Verwaltungsapparates, wurde das feste Residieren an einem Ort zunehmend wünschenswert. Bereits seit Johann Cicero (1486–1499) blieb der Regierungsapparat, die Bürokratie mit ihren Archiven, in Berlin zurück. Voraussetzung für einen zentralen Regierungssitz war die Herstellung eines allgemeinen Landfriedens, der sicherstellte, daß die Anreise und der Transport von Gütern in die Residenz ohne Gefahr für Leib und Leben verlief. Erst Kurfürst Joachim I. (1499–1535) gelang es, das Raubritterwesen unter Kontrolle zu bringen. Während seiner Regierungszeit entwickelte sich Berlin mehr und mehr zur Hauptresidenz.

Einen entscheidenden Schritt auf diesem Wege unternahm sein Sohn Joachim II. (1535–1571), der sich 1536 das südwestlich an das Schloß grenzende Dominikanerkloster einräumen ließ und aus der dazugehörigen Kirche seinen ‚Dom' machte, die Schloßkirche für die Staatsgottesdienste. Als er schließlich 1545 die Gebeine seiner Vorfahren aus dem Kloster Lehnin hierhin überführen ließ, war Berlin endgültig Landeshauptstadt.

1539 schloß sich Joachim II. mit einiger Verspätung der Reformation Luthers an. Im Zuge dieser Maßnahme konnte er seinen Privatbesitz verdoppeln. Denn mit der Reformation fielen sämtliche geistlichen Güter, nämlich die Klöster und ihre Besitzungen, an ihre Stifter oder den Landesherrn zurück, was – nebenbei bemerkt – nicht unerheblich zum Erfolg des neuen Glaubens beigetragen hat. So konnte sich der Kurfürst nun einen großzügigen Ausbau seiner Berliner Residenz leisten. Den Hof der Hauptburg ließ er bis auf die Höhe des ersten Stockwerks aufschütten. Hierdurch wurde dem ursprünglichen Erdgeschoß der Burg die Funktion des Kellers zuteil. Entsprechend wurde das Schloß nach oben aufgestockt

*Abb. 4: Das kurfürstliche Schloß. Ansicht von Südost auf den Stechbahnflügel mit den Verkaufsarkaden; nördlich anschließend der Spreeflügel mit Kapellenturm, dahinter das ‚Herzoginnen-Haus'; im Vordergrund die Lange Brücke. Um 1690.*

und Fußböden und Decken in den Obergeschossen auf einheitliche Höhe gebracht. An der Südseite wurde der Stechbahn-, der spätere Schloßplatzflügel, um ein Wohngeschoß erhöht. Die Bauzier wurde vollständig erneuert, sodaß von dem spätgotischen Bauwerk nichts mehr zu sehen war.

Auf diese Weise ging die spätmittelalterliche Burg in einem luxuriösen Schloßbau im Elb-Renaissance-Stil auf, den Kurfürst Joachim II. ab 1537 nach Plänen des sächsischen Hofbaumeisters Kunz Krebs durch dessen Schüler Caspar Theiß ausführen ließ. Alte Abbildungen unterrichten uns recht gut über das Aussehen dieses Baus der Reformationszeit (Abb. 4). Der Hauptschmuck des Schlosses bestand aus großen, überaus prächtig verzierten Quergiebeln, den sogenannten Zwerchhäusern, die, ein großes und ein kleines immer abwechselnd, über beiden Flügeln außen wie innen in gleichmäßiger Reihe standen. Der Stechbahnflügel hatte eine glatte, bemalte, möglicherweise auch durch Graffito gegliederte Fassade, die nur durch einen zierlichen Altan oder offenen Erker unterbrochen und durch zwei ebenso zierliche Runderker an ihren Seiten beschlossen wurde. Bis ins Zeitalter der Fotografie erhalten geblieben ist auf der Spreeseite die Laube, die Joachim II. auf den alten Stadtmauerturm hatte setzen und mit der ‚Welschen Haube' hatte bekrönen lassen, deren Kupferdeckung dem Turm den Namen ‚Grüner Hut' verlieh. Andere mit Renaissanceornamentik geschmückte Bauglieder, z.B. ein Eingangsbogen, wurden im 19. Jahrhundert hinter Täfelungen wiederentdeckt und freigelegt. Als das Schloß 1950 gesprengt wurde, kamen nochmals einzelne Steine aus dieser Zeit, die auf der anderen Seite barock profiliert waren, zum Vorschein.

Joachims II. Sohn und Nachfolger Johann Georg (1571–1598) ließ das Schloß zunächst in schlichter Manier modernisieren. Da die Artillerietechnik zu dieser Zeit bereits zu fortgeschritten war, als daß das Schloß noch als eine ernstzunehmende Festung hätte fungieren können, gab er die innere Verteidigungslinie in Berlin auf und baute anstelle

*Abb. 5: Ein Visavis vom auf der anderen Uferseite gelegenen Berlin: Blick von Nordosten auf das Schloß. Links das ‚Herzoginnen-Haus', rechts davon der Galeriebau, der Wohnflügel des Großen Kurfürsten und der Apothekenflügel; vor letzterem das Hofoffiziantenhaus. Aufnahme von 1882.*

dessen die Festung Spandau modern aus. Hierfür nahm er 1578 den italienischen Festungsingenieur Rochus Graf Linarro (1525–96), Stammvater der märkischen Grafen Lynar, in seine Dienste. Auf dessen Entwürfe gehen auch die unter Johann Georg errichteten Erweiterungen des Schlosses zurück.

Das Baudatum des an der Spreeseite sich anschließenden Anbaus (Abb. 2: 5), des ‚Herzoginnen-Hauses' (‚Herzoginnen' ist alter Genitivus Singularis) ist nicht genau bekannt. Johann Georgs Schwester Elisabeth Magdalena hatte 1559 den Herzog von Braunschweig geheiratet, war aber nach wenigen Wochen schon verwitwet und nach Berlin zurückgekehrt. Sie wird sich das Schlößchen erst gebaut haben, als gewiß war, daß sie nicht wieder heiraten würde. Sie ließ es mit allerliebsten Schnörkel-Giebelchen verzieren, und wiederholte auf diese Weise den Bau ihres Vaters en miniature; die Ecktürme verliehen dem Bau den Charakter eines eigenständigen Schlosses, wobei der hintere Eckturm, der ‚Grüne Hut', bereits ein Element der alten Burg gewesen war (Abb. 5).

1585 wurde im Lustgarten die Hofapotheke errichtet. Daß die Apotheke im privaten, dem höfischen Zeremoniell nicht zugänglichen Teil seines Anwesens untergebracht war, hatte seinen guten Grund: Der Kurfürst hoffte nämlich, hier dem Geheimnis des Goldmachens auf die Spur zu kommen – eine Kunst, die dann selbstverständlich ausschließlich ihm zur Verfügung stehen sollte.

Auch das zwischen Vor- und Haupthof des Schlosses gelegene, ungewöhnlich schlichte Quergebäude, das Johann Georg 1593 für seinen Gäste, Hofstaat und Verwaltungsbeamte erbauen ließ, ging auf einen Entwurf Lynars zurück. Damals waren die meisten Beamten und die gesamte Verwaltung noch im Schloß untergebracht; die Beamten arbeiteten somit in ihren Wohnungen. Das Innere des Quergebäudes enthielt interessante Neuerungen: die ersten geraden Treppen – bis dahin hatte man nur Wendeltreppen gebaut –; jede Wohnung verfügte darüber hinaus über eine Innentoilette.

Im Jahr 1598 machte sich erstmals eine Schloßbewohnerin der besonderen Art bemerkbar: Es war das Gespenst der ‚Weißen Frau'. In weißem Gewand, mit weißer Haube und weißem Witwenschleier wandelte sie „in nächtlicher Stunde ... durch die Gänge des Schlosses, lautlos schwebt sie dahin, wem sie begegnet, den grüßt sie durch eine kaum merkliche Neigung des Hauptes, aber sie spricht nichts, auf keine Frage giebt sie Antwort." (Streckfuß, S. 105) Acht Tage nach ihrem Erscheinen starb Kurfürst Johann Georg, und seitdem galt die ‚Weiße Frau' als Todesbotin der Hohenzollern, folgte doch jeder ihrer Erscheinungen unweigerlich ein Todesfall in der Herrscherfamilie.

Unter den Kurfürsten Joachim Friedrich (1598–1608) und Johann Sigismund (1608–1619) ist am Schloß nur wenig verändert worden. In die Herrschaftszeit des letzteren fallen jedoch zwei wichtige Ereignisse: 1613 trat Johann Sigismund zum Calvinismus über. Obwohl damit der Dom dem reformierten Bekenntnis zugeführt wurde, durften die Untertanen dennoch dem lutherischen Bekenntnis treu bleiben – hier wurde das Fundament für die spätere Toleranz Preußens in religiösen Dingen gelegt. Noch folgenreicher war ferner die Tatsache, daß die Brandenburger Hohenzollern 1618 das aus dem Ordensstaat hervorgegangene, unter polnischer Lehenshoheit stehende Herzogtum (Ost-)Preußen erbten.

Dieses außenpolitischen Erfolges konnte der Kurfürst dennoch nicht mehr lange froh werden, denn bald darauf, 1619, ging im Berliner Schloß wieder der Spuk der todbringenden ‚Weißen Frau' um, der die Hofgesellschaft in Angst und Schrecken versetzte und Johann Sigismund während der letzten Wochen seines Lebens zwang, im Haus seines Kammerdieners Anton Freytag zu logieren, wo er auch starb.

Sein Sohn Georg Wilhelm (1619–1640) hat das Schloß noch nicht einmal richtig unterhalten können. Denn er geriet zwischen die Parteien des 30jährigen Krieges, war nicht mächtig genug, um neutral zu bleiben und die Verwüstung seiner Länder zu verhindern. Während dieser Zeit wurde Berlin-Cölln mehrfach besetzt und war Schutzgelderpressungen ausgeliefert. Hunger und Pestepidemien führten zu Fluchtbewegungen aus der Doppelstadt. Auch der Kurfürst mußte sich schließlich 1638 nach Königsberg absetzen. Das Schloß in Berlin war der Verwahrlosung preisgegeben.

**Das Schloß des Großen Kurfürsten**

Als Friedrich Wilhelm (1640–1688), der als der ‚Große Kurfürst' in die Geschichte eingegangen ist, an die Regierung kam, fand er das Land ausgeplündert, verwüstet und entvölkert vor – der 30jährige Krieg hatte die Einwohner halbiert. Unter seiner Herrschaft konsolidierten sich wieder die Verhältnisse in Brandenburg. Nach dem Ende des 30jährigen Krieges konnte er seine Machtstellung bedeutend ausbauen: Im Frieden von Oliva gelang es ihm, die polnische Lehensoberhoheit über (Ost-)Preußen abzuschütteln. Doch erst sein Sohn Friedrich III. (I.) sollte die Folgerung aus dieser Souveränität ziehen und sich zum König machen.

Der Große Kurfürst hat während seiner nahezu ein halbes Jahrhundert dauernden Herrschaft wieder in größerem Stile am Schloß gebaut. Es dauerte drei Jahre, bis es wieder soweit instandgesetzt war, daß er in seiner Hauptstadt wohnen konnte. Um das Jahr 1680 ergänzte er das Anwesen um einen weiteren Flügel, in dem er sich ein größeres Logement errichten ließ, das später auch sein Sohn als König bewohnt hat: die ‚Kurfürstenzimmer' (Abb. 2: 6). Ein doppelter, von Johann Arnold Nering entworfener zweigeschossiger Viadukt (Abb. 2: 7) verband den ‚Kurfürstenflügel' mit dem ‚Herzoginnen-Haus' (Abb. 2: 5), in dem nun die Kurfürstin ihre Privatzimmer hatte. Die Bogenreihen waren ursprünglich offen; in den oberen konnte der Herrscher bei Regen lustwandeln, und aus acht Metern Höhe auf seine im Schloßhof geschäftige Dienerschaft und das auf der anderen Uferseite gelegene Berlin herunterblicken (vgl. Abb. 5).

Auch das Quergebäude ließ der Große Kurfürst zum Lustgartenflügel hin ergänzen, indem er auf das Erdgeschoß eines dort befindlichen älteren Nebengebäudes, durch das der die Höfe verbindende Torweg führte, den ‚Alabastersaal' (R. 766) als neuen Festraum des Schlosses für die Haupt- und Staatsaktionen baute, der den alten Ständesaal im Schloßplatzflügel ersetzte. Seinen Namen erhielt der Festraum durch zunächst elf in den Nischen der Seitenwände aufgestellte Marmorfiguren der hohenzollernschen Kurfürsten (unter Kurfürst Friedrich III. kam eine zwölfte hinzu: seine eigene) und weitere vier Statuen der Kaiser des Heiligen Römischen Reiches deutscher Nation in den Nischen der Stirnwände. Die etwas sonderbare Lage des ‚Alabastersaals' erklärt sich aus der damit verbundenen Absicht, die Stände, anders als zuvor, am Vorhof zu empfangen und sie damit auf gebührendem Abstand zu den kurfürstlichen Wohnräumen zu halten. Damit war ihnen ganz klar der Rang angewiesen.

Während der Regierungszeit des Großen Kurfürsten sind auch die ersten Stuckdecken im Berliner Schloß ausgeführt worden. Hiermit wurde u.a. die Privatkapelle von Luise Henriette, der Gemahlin des Großen Kurfürsten ausgestattet – in dem im 30jährigen Krieg verwahrlosten Schloß mußte für die Kurfürstin, die aus ihrer holländischen Heimat bessere Verhältnisse gewohnt war, das eine oder andere Zimmer modern hergerichtet werden.

Die ersten Stuckdecken waren in ‚Akanthus-Barock' dekoriert, die meisten farbig gefaßt und mit Deckengemälden ausgestattet, aber auch einfach weiß oder schellackgelb. Sie ahmen immer Gewölbe nach, Gewölbe mit einem scheinbaren Loch zum Himmel, wie das Pantheon in Rom wirklich eines hat. Das ist der Platz des Deckengemäldes, wo die Götter in den Wolken agieren. Weil die Decken Wölbungen darstellen, spricht man von Voutendecken; das bemalte Mittelfeld der Spiegel solcher Decken ist flach, das ganze ein ‚Spiegelgewölbe'.

Das Gelände an der Schloßfreiheit gab der Große Kurfürst 1672 kostenlos zur Besiedlung frei. Vor allem hugenottische ‚Réfugiers' ließen sich hier nieder: französische Protestanten, die der Kurfürst in großer Zahl ins Land holte und die bei seinem Tod bereits ein Fünftel der Einwohner Berlin-Böllns ausmachten. Hier, in unmittelbarer Nähe zum Schloß, sollte sich im Laufe der Zeit ein höchst bürgerliches Ambiente entfalten; unter anderem waren hier eine Konfitürenfabrik und eine Badeanstalt untergebracht (Abb. 6).

Den Lustgarten ließ der Große Kurfürst in eine repräsentable Form bringen und sich hier ein Lusthaus sowie eine stattliche Orangerie erbauen. Schloß und Lustgarten bildeten das Zentrum eines Systems von Blickschneisen, das der Landesherr in der Weise damaliger Garten- und Landschaftskunst anlegen ließ. Es wurde von Johann Moritz von Nassau entworfen, einem niederländischen Feldmarschall und Statthalter des Großen Kurfürsten in Kleve, der als Artillerist des Vermessens kundig war. 1647 wurde ein Dreistrahl von Wegen angelegt, der von den französischen Gartenschriftstellern ‚Patte d'Oie' (Gänsefuß) genannt wurde: Der eine Strahl, die heutige Museumstraße, führte

*Abb. 6: Ein höchst bürgerliches Ambiente in unmittelbarer Nähe zum Schloß: Die 1893 abgerissenen Bürgerhäuser an der Schloßfreiheit gegenüber der Westfassade mit dem Triumphbogenportal (III) Eosanders. Aufnahme von 1875.*

auf die Orangerie im Lustgarten zu, die sich auf dem Gelände der Alten Nationalgalerie befand. Zur Festung Spandau hin, in Richtung West-Nordwest, verlief eine Schneise, die erst jenseits der Spree begann und von der noch die Straße Alt-Moabit übrig ist. Ein weiterer Weg dieses Dreistrahls waren die ‚Linden', die zum Tiergarten, in dem die Zeremonialjagden stattfanden, führte. Die drei Strahlen konnte nur die Hofgesellschaft oben aus dem Schloß her übersehen. Die mittlere Bahn der ‚Linden', die auf das Lustgartenportal hinführte, war abgeschrankt, mit Rasen versehen (‚*tapis vert*') und nur von Standespersonen zu betreten: Die Untertanen waren nicht die Adressaten dieser Kunst.

## Die Verwandlung zum Königsschloß: Schlüters Umbau

Am 18. Januar 1701 setzte sich Friedrich III., Markgraf von Brandenburg und Kurfürst des Heiligen Römischen Reichs, in Königsberg als Friedrich I. die Krone eines Königs in Preußen auf. Denn hier, außerhalb der Grenzen des Heiligen Römischen Reiches, war er souveräner Landesherr, hatte über sich nur noch Gott, während er in Brandenburg und seinen übrigen Landen Vasall des Römischen Kaisers in Wien blieb. Auf diese Weise kam das Königreich des Hauses Brandenburg, dessen Gebiete sich schon damals bis an den Rhein erstreckten, zu dem Namen seines alleröstlichsten Landesteils.

Obwohl außerhalb der Grenzen des eigentlichen Preußen gelegen, blieb Berlin weiterhin Residenz der preußischen Könige und wurde auf diese Weise Hauptstadt Preußens. Das kurfürstlich-markgräfliche Schloß, ein Renaissancebau, wurde nun zum königlich-barocken Herrschaftssitz umgestaltet. Wie bereits die spätgotische Burg vollständig im Renaissanceschloß aufgegangen war, ging dieses an Stadt- wie Lustgartenseite nun spurlos in der barocken Neufassung auf.

Daß Friedrich von Anfang seiner Regierung an auf die Königskrönung hingearbeitet hatte, wird nicht zuletzt auch dadurch evident, daß er schon 1688 einen namentlich nicht überlieferten Architekten engagierte, der das Schloß im Stil eines italienischen Stadtpalastes umzubauen begann: Vorgesehen, aber nur zum Teil realisiert wurde eine aus vier Flügeln bestehende Anlage, deren Innenhof an allen vier Seiten mit doppelstöckigen Lauben umgeben war. Davor wurden kolossale, über beide Stockwerke reichende Halbsäulen angebracht. Die Kapitelle dieser Säulen, die

*Abb. 7: Schlüters Schloßmodell von 1699: Stich nach einer Zeichnung von C. F. Blesendorff, 1701.*

später vor die Treppenhäuser versetzt worden sind, waren denen eines Tempels vom Forum Romanum nachgebildet, der damals irrig dem Juppiter Stator, dem Götterkönig des römischen Pantheons, zugeschrieben wurde: Der Anspruch auf königlichen Rang war damit schon vorsichtig formuliert.

Anstelle von Architrav und Fries, wie dies dem klassisch-antiken Bauideal entsprochen hätte, waren jedoch Korbbögen eingesetzt – ein Stilbruch, den der auf Bildungsreise begriffene schwedische Hofarchitekt Nicodemus Tessin der Jüngere vehement kritisierte. Dies kam auch dem Kurfürsten zu Ohren, und er bemühte sich nun um namhafte Architekten. Von Tessin erhielt er schließlich 1697 einen erstklassigen Plan, den dieser allerdings nicht selbst zur Ausführung bringen konnte, da an ihn inzwischen ein Auftrag ergangen war, der Vorrang hatte: Nachdem in

Stockholm das Königsschloß abgebrannt war, sollte er dort ein neues bauen – in Berlin hingegen plante er ja nur für einen Kurfürsten. Gleichwohl ließ Friedrich III. nun zumindest die östliche Hälfte des Innenhofs nach dem neuen Plan korrigieren und weiter ausbauen. Mit der Ausarbeitung der Fassadenelemente wurde dabei ein Bildhauer betraut, dem künftig eine maßgebliche Rolle bei der Gestaltung des Königsschlosses zukommen sollte: Andreas Schlüter.

Schlüter nutzte die Gelegenheit, die sich ihm bot. Weil die von seiner Werkstatt verfertigten Steinmetzdetails auch von ihm selbst eingebaut wurden, hatte er praktisch die Funktion eines Bauleiters inne. Im Winter 1698/99 schließlich präsentierte er dem König ein Modell für den Ausbau des Schlosses (Abb. 7). Friedrich III. ließ sich überzeugen: Er ernannte Schlüter zu seinem Hofarchitekten. Zunächst beschränkte sich seine Tätigkeit allerdings vorwiegend darauf, den Tessinschen Plan der Innenhofgestaltung umzusetzen.

Die Außenfassaden des Schlosses gehen jedoch bereits auf Schlüters Entwurf zurück. Die vier Säulen des Stadtportals (Portal I), gut 15 Meter hoch, an der stärksten Stelle knapp anderthalb Meter dick, hatten damals nördlich der Alpen kaum ihresgleichen: Das war römischer Maßstab. Die Kapitelle waren mannshoch, das Gebälk maß nochmals das doppelte. Die ‚Rücklagen', die Wand beiderseits ‚atmete', indem die Rahmungen der Fenster kräftig profiliert vortraten, die Wände dazwischen sich in flachen ‚Spiegeln' einzogen – was Schlüter Raffael abgesehen hat (die liebenswürdige Komponente von Schlüters Kunst ist nie recht bemerkt worden). Doch diese strahlend schönen Wände wären neben dem stolzen, mächtigen Portal als zu zart erschienen. Aus diesem Grund hat Schlüter die Erker Joachims II. zu kräftigeren Ecktürmen umkleidet und diese

*Abb. 8: Dem kurfürstlichen Schloß den Krönungsmantel übergeworfen: Schlüters Meisterwerk, die Südfassade des Schlosses mit Portal I. Aufnahme um 1900.*

Türme sich in fortlaufender Schweifung aus der Fassade vor- und zu den Flanken des Schlosses herumschwingen lassen, sodaß der ganze Schloßkörper dem Portal antwortete. Eine Komposition von größter Monumentalität, obwohl das Schloß den Maßen nach immer noch der Bau Joachims II. war – Schlüter hat ihm nur den Krönungsmantel übergeworfen. Die Ecktürme wendeten sich, diagonal der eine zur Langen Brücke, der andere zur Breiten Straße und zum Tor in den Vorhof (Portal II). Ihre Fenster spielten mit eingestellten Säulen auf die Fenster des Mittelportals (I) an (Abb. 8).

Schlüters Fassade war von sorgfältiger Regelrichtigkeit. Im großen Portal (I) wurden Mitteltor und -fenster von stockwerkshohen Säulen flankiert, die schulgerecht dorisch-ionisch-korinthisch übereinander angeordnet waren. Den höchsten Rang hatte die Komposita (zusammengesetzte Ordnung) der Riesensäulen inne; ihre Kapitelle zierten an den Ecken brandenburgisch-preußische Adler.

An den Fenstern der Rücklagen fand sich die entsprechende Rangfolge wieder: Im Erdgeschoß, das dem niederen Wirtschaftsbetrieb, den Pferdeknechten, den untergeordneten Diensten zugewiesen war und traditionellerweise den Bauernstand (rustica) als den untersten, die ganze Gesellschaft tragenden symbolisierte, fanden sich bossenrauhe Schlußsteine und Quaderung. Im Mittelgeschoß sah man unter den geschweiften Verdachungen Kartuschen, bekrönt von Drachenschädeln als apotropäischer Beschwörung. Sie symbolisierten die Erde und ihre im Verständnis der Zeit niederen Mächte und waren als Opfer (daher bekränzt) und Trophäe zugleich dargestellt. Im Nobelgeschoß waren unter den gesprengten Giebeln Wappen mit Kurhut und Kurzepter abgebildet, geistreich zusammenkomponiert mit dem F und der III des Bauherrn – man hütete sich wohl, vor der Krönung königliche Insignien anzubringen (später haben Eosander und Böhme diese Fassade samt ihrer Bauplastik ungeändert wiederholt). Neben den Fenstern des Mezzanin (Halbstocks) hingen Widderköpfe, aus deren Mäulern wiederum Lorbeerschnüre: bekränzte Opfer. Über den Wandspiegeln hockten auf dem Architrav brandenburgisch-preußische Adler, die ebenso wie die Basen und Kapitelle der Säulen und die Buchstaben der Bauinschrift damals vergoldet waren. Der ganze Bau war strohgelb, die Gliederungen silbrig-weiß gestrichen, ein Effekt, der es in gleichsam überirdischem Licht gleißend erscheinen ließ. War im protestantischen Preußen der König der Gesalbte des Herrn und zugleich Oberhaupt der Landeskirche, so sollte sein Schloß das größte Heiligtum im Lande sein.

Wie die Inschrift über dem neuen Stadtportal festhielt, hatte Schlüter Hof- und Stadtfassade des Schlosses rechtzeitig zum Einzug des neugekrönten Königs am 6. Mai 1701 fertigstellen können. Doch Zeremoniell ist zählebig: Bei seinem feierlichen Einzug in die Residenz nutzte der frischgekrönte König das grandiose neue Portal I gleichwohl nicht in der ihm zugedachten Weise, zog er doch nach alter Gewohnheit durch Portal II ein. Seine Nachfolger taten es ihm gleich: Weiterhin zogen sie durch den Vorhof ein, durch Portal II oder, seit dem späteren 18. Jahrhundert, von den ‚Linden' her durch Portal IV, passierten das Tor im Quergebäude zwischen den Schloßhöfen und wandten sich dann einem der Treppenhäuser zu. Auf diese Weise ist das Portal I wahrscheinlich niemals seiner Bestimmung gemäß verwendet worden.

Der vermutlich auf Tessin zurückgehende Hofplan enthielt nur Treppenhäuser an den Schmalseiten des Schlosses. Da der König den Aufgang in die Appartements an der alten Stelle erhalten wollte, ließ er Schlüter 1703 vor dem Spreeflügel ein drittes, größeres Treppenhaus bauen, das auch eine Rampe enthielt.

Den Einbau dieser dritten Aufgangs-Anlage in den Hof benutzte Schlüter, um die Galerien, die er selber nach Tessins Plan schon einmal umgebaut hatte, in eine dritte Fassung zu bringen: Er nahm die kolossalen Halbsäulen ab und montierte daraus vollrunde Säulen, die er vor die Treppenhäuser stellte. So wurde der Hof, trotz Entwurfes von fremden Händen, ganz sein künstlerisches Eigentum, kühn und grandios.

Zuletzt, ab 1704, gestaltete er die Lustgartenfassade neu. Sie verfügte über die gleichen Rücklagen oder Fensterwände wie seine Stadtfassade, hatte allerdings keine Ecktürme. Das Portal mußte er ganz flach gestalten, damit es sich dem Schrägblick aus den ‚Linden' unverzerrt zeigte. Es ist fast unglaublich, wie er einen so ganz anderen Ton anschlagen konnte. Nichts mehr von Strenge und Macht. Dabei war die Wirkung nicht schwächer, ebenso stolz und festlich, aber nun gelassen, fast heiter.

Auch im Innern des Schlosses hat man um 1700 fast nichts aus älteren Zeiten erhalten. Von der Pracht des Baus Joachims II. zeugte nur noch das Schlingrippengewölbe der Erasmus-Kapelle, die aber seit Friedrich dem Großen in zwei Stockwerke geteilt war (R. 649; 831–32). Im ganzen Schloß ist nicht eine einzige Balkendecke des spätgotischen Baus oder des Renaissancebaus mehr zu sehen gewesen. Sie müssen überall in den älteren Flügeln die Unterkonstruktion der barocken Stuckierung abgegeben haben.

Auch Schlüters Decken stellten zunächst Wölbungen dar. Trotzdem sind sie auf den ersten Blick von den älteren Decken zu unterscheiden: großzügiger, schwungvoller, freier, im architektonischen realistischer, im Figurenwerk und auch im Akanthuslaub klassischer und zugleich delikater – Kunst nicht aus dritter Hand, sondern aus erster. Schlüter ahmte keine Muster nach (obwohl er sich nicht genierte, Vorbilder aufzugreifen): Er beherrschte die römische Formensprache, er komponierte selbst. Man kann in den großen Barockkirchen Roms manches finden, was er dort gesehen hat.

Als der neue König Berlin einzog, waren im eben aufgestockten Lustgartenflügel die neuen Staatszimmer noch im Bau. In seine Wohnung gelangte er über das Treppenhaus am Schloßplatzflügel (die Hofseite von Portal I) und durch die Staatszimmer der Königin. Die Treppe führte zum ‚Elisabethsaal' (R. 844), so genannt nach der Gemahlin Friedrichs des Großen, die diesen Saal bewohnte. Dort befand sich damals die Wache, die Schweizergarde. Der ‚Elisabethsaal' hatte eine Wandgliederung in Stuck von Schlüter und gemalte Vouten von Augustin Terwesten. Es folgte die Suite der Königin (R. 835–837), teils schon in Akanthusbarock, teils erst von Schlüter ausgestattet. Die neuen Decken wurden in der knappen Zeit nicht ganz fertig, doch der Hof war im Sommer sehr oft abwesend, sodaß immer wieder Gelegenheit war, Arbeiten nachzuholen. Der anschließende ‚Schweizersaal' (R. 814) und zwei von den vier Staatszimmern (‚Paradekammern') des Königs haben noch ihre alten Balkendecken gezeigt – sicherlich sind das die prächtigsten Renaissancedecken im Schloß gewesen. Nur die ‚Drap d'Or-Kammer' (R. 796), wo er sich mit seinen Vertrauten beriet, und die 2. Parade-Vorkammer (R. 798), wo er täglich speiste, fand er neu ausgestattet. Letztere hatte ein Fenster zum Innenhof. Während des Essens bliesen Trompeter auf den Hofbalkons von Portal I und V Tafelmusik – das ergab die damals beliebten Echos.

Die Decken der neuen ‚Paradekammern' hat Schlüter nicht als Wölbungen aufgefaßt, sondern die Vouten scheinperspektivisch als Brüstungen (‚Attiken') oder als ganze Obergeschosse geformt, sodaß die Zimmer sich in ganzer Breite gleichsam zum Himmel öffneten. Diese Art Deckenstuck war in Berlin völlig neu, in Italien aber längst erfunden. Es gab zwei Schulen scheinperspektivischer Wandaufbauten. Die bolognesische konstruierte die Perspektive exakt für einen bestimmten Standpunkt des Betrachters, womit das Bild von allen anderen Stellen her schief aussah.

Die andere, eher römische Schule, der Schlüter folgte, weckte mit suggestiven Formen und Formfragmenten die Assoziation eines Obergeschosses, in poetischer Weise, nicht in geometrischer.

In den beiden auf die Krönung folgenden Jahren wurden die neu auf den Lustgartenflügel aufgestockten Staatszimmer fertig. Die Suite gruppierte sich um den in der architektonischen Mitte der Lustgartenfront gelegenen ‚Rittersaal' (R. 792) und endete in einer neuangelegten Privatkapelle (R. 787). Im ‚Rittersaal' (Abb. 9) fanden die Staatsbankette statt. Den Namen hatte der Saal von den Rittern des Schwarzen Adlerordens, den Friedrich am Vorabend der Krönung gestiftet hatte: Als absoluter Landesherr wollte er nicht mit den Vertretern der Stände und auch nicht mit den von Geburt her bestimmten Großen, sondern mit einer persönlichen kleinen Auswahl, mit Personen die er selbst erhöht hatte, regieren. Über der zum Treppenhaus führenden Tür befand sich ein Trompeterbalkon. Ergriff der König das Weinglas, blies ein Trompeter ein Signal, trank er jemandem zu, bliesen die Trompeter einen Tusch.

Der ‚Rittersaal' mit seinen stuckierten Wänden war farblich in Silber und Gold gehalten und entsprach damit dem Außenanstrich des Schlosses. Die Wohnung des Königs als Person von höchstem geistlichen Rang in Preußen sollte als Widerschein des Paradieses erstrahlen. Dieser transzendentale Glanz der barocken Innenraumgestaltung tat auch

*Abb. 9: „Gott, wie herrlich ist es hier! Wie wird es erst im Himmel sein!":*
*Der ‚Rittersaal', Ort für Staatsbankette; über der Tür der Trompeterbalkon.*

zu späteren Zeiten noch seine Wirkung. Noch Mitte des 19. Jahrhunderts soll ein Kirchenmann, der hier mit einer Delegation darauf wartete, vom König empfangen zu werden, ausgerufen haben: „Gott, wie herrlich ist es hier! Wie wird es erst im Himmel sein!"

Feste Ausstattung des ‚Rittersaals' war das Prunkbuffet mit dem Augsburger Silber, das der König von Schlüters späterem Nachfolger Eosander arrangieren ließ – nach dem herrscherlichen Grundsatz, die Untergebenen miteinander konkurrieren zu lassen. Solche Prunkbuffets gab es damals in allen Schlössern – die Vitrine im gutbürgerlichen Wohnzimmer kommt daher –; sonderbarerweise blieb das Silber dieses Buffets bis heute fast vollständig erhalten, obwohl sonst für die Kriege Friedrichs des Großen und für die Kontributionen Napoleons alle Wertsachen verbraucht worden sind: Dies Buffet war Symbol der Erwerbung der Krone. – Der ‚Soldatenkönig' legte seinen Staatsschatz zum Teil in Form von Silberarbeiten an. Der Trompeterbalkon im ‚Rittersaal' wurde 1739 aus massivem Silber gearbeitet. Friedrich der Große, in Geldnöten, ließ ihn sowohl buchstäblich als auch im übertragenen Sinn ‚versilbern': Er veranlasste, den Balkon in Holz nachzubilden und nur mit einer dünnen Silberschicht zu versehen – zumindest die Form mußte an diesem Ort gewahrt bleiben.

Die vom Saal aus nächstäußeren Zimmer hatten noch ihre ursprünglichen Kamine und Täfelungen, und in dem westlichen, der ‚Roten Samtkammer' (R. 790), war sogar die alte Wandbespannung aus Samt mit vergoldeten Litzen erhalten. Dieses Zimmer war als Parade-Schlafzimmer gedacht, man muß sich ein großes Himmelbett an der Rückwand denken. Im Unterschied zur heutigen bürgerlichen Anordnung lag der private ‚Wohn'-Bereich hinter dem Schlafzimmer.

Eine Treppe führte zur ‚Kunstkammer', die übrigens die Keimzelle der Berliner Museen war. In der neuen Disposition – die Räume lagen über den neuen ‚Paradekammern' – gab es besondere Kabinette für die Münzsammlung, für antike Stein- und Bronzeskulptur, Vasen und Terrakotten, für Elfenbeinarbeiten, für Naturalien – sonderbare Bildungen der Natur -, schließlich für Instrumente wie Sextanten und Himmelsgloben, und für Modelle von (meist Festungs-) Bauten. Von diesen Kabinetten sind die drei letzten schon von Schlüters Nachfolger Eosander eingerichtet worden.

Auf der Ebene der ‚Paradekammern' lagen beim Schlafzimmer ein Betkabinett und die Privatkapelle (R. 787). Seit je hatte der abendländische Adel das Eigenkirchenrecht, den unmittelbaren Zugang zu Gott sozusagen. Deswegen gehörte zu einem Adelssitz eine Privatkapelle. Die Kapelle in den neuen ‚Paradekammern' reichte ins Mezzanin hinauf und enthielt auf dessen Höhe eine Empore für Dienerschaft und Musiker. Ihre Stuckkuppel griff durch das Dachwerk und gipfelte in einer kleinen Laterne, die außen von den Balustraden verdeckt wurde. Auf der Ebene der ‚Paradekammern' umstanden Säulen den Raum. Es gab festes Gestühl, Logen für König und Verwandtschaft, Altar, Kanzel, Orgel.

Um die königliche Residenz mit einer Höhendominanten zu versehen, erhielt Schlüter den Auftrag, den westlich des Schlosses gelegenen Münzturm, der einst als Kanonenturm den Zugang ins offene Land über die Hundebrücke gesichert hatte, aufzustocken. Doch Schlüters Schloßturm stand auf einer Schlammblase, die tiefer im Untergrund lag als man damals bohren konnte, und begann sich zu neigen. Schlüter wollte das Projekt nicht aufgeben und fing – zu seinem Unglück – an, der Senkung entgegenzuarbeiten.

Doch der Untergrund gab nach, zusätzliche Fundamente vor der Seite, nach der der Turm sich neigte, hielten nicht. 1706 mußte er schließlich den Befehl zum Abbruch geben. Das kostete ihn die Direktion des Schloßbaus.

**Die Verdoppelung des Schlosses: Eosanders Erweiterung**

Noch im selben Jahr gewann der schwedische Ingenieur Johann Friedrich Eosander von Göthe Schlüters Nachfolge durch seinen Vorschlag einer Verdoppelung des Hochschlosses in Richtung Westen, d.h. der Vorhof sollte genauso hoch umbaut werden, wie der Schloßhof selbst. Zwischen den Höfen ordnete er kurze Flügel an, die die Architektur von Vor- und Haupthof trennen sollten. Die beiden Enden des Quergebäudes wurden weggebrochen, das Quergebäude provisorisch an die kurzen Flügel angeschlossen. Obwohl ursprünglich geplant war, es nach Fertigstellung des ‚Neuen Schlosses' ganz abzureißen, ist es schließlich bei diesem Provisorium geblieben. Um den Anbau anzuschließen, mußte Eosander die Schlütersche Kapelle verkleinern. Obwohl er im Sinne hatte, an ihrer Stelle einen großen Salon einzurichten, blieb sie in ihrer Funktion erhalten, da die als Ersatz hierfür geplante Kapelle an der Nordwestflanke des Anbaus nicht zustande kam.

Aufgrund der sich aus dieser Erweiterung ergebenden neuen Längssymmetrie des Schlosses in ost-westlicher Richtung baute Eosander in der Mitte der Westfassade, an der Schloßfreiheit, das große Portal III in der Form eines römischen Triumphbogens, nur viel größer als seine antiken

Vorbilder. Es sollte einen Kuppelturm tragen, der zwar nicht realisiert wurde, aber in den Türmen auf dem Gendarmenmarkt nachklingt. Eosander übernahm für die Rücklage seiner Lustgartenfassade und für sein Lustgartenportal (IV) Schlüters Formen. An seinem Risalit ging er zu einer Kompromißform über, die zu der Schloßfreiheits-Fassade überleiten sollte. Kompromisse taugen für die Politik, nicht für die Kunst: Die Risalitfassade wirkte unfroh. Um die Ecke herum an der Schloßfreiheit folgte Eosander hingegen ganz seinen eigenen Vorstellungen. Diese Fassade wurde seine architektonisch beste Arbeit, kann sich auch im europäischen Vergleich sehen lassen. Vorbild für den Triumphbogen als Portal war dasjenige am Stockholmer Schloß, bei dem Vorbild wiederum das Portal des am Palazzo Barberini in Rom Pate gestanden hatte.

Eosanders ‚Neues Schloß' sollte vor allem weitere Staatsräume enthalten. An die verstümmelte Kapelle Schlüters (R. 787) schloß er eine große Galerie an (R. 774), wie sie in römischen Palästen und Villen, vor allem aber in Versailles und im Schloß in Stockholm zum Raumprogramm gehörte – Stockholm war Eosanders bevorzugtes Vorbild. Im zweiten Stock des Flügels an der Schloßfreiheit begann Eosander, die neue Kapelle in großen Maßen, wieder nach dem Vorbild von Stockholm. Im ersten Stock fing er einen großen Bibliothekssaal an – in den nächsten Jahren bauten die großen Klöster und der Kaiser in Wien ihre berühmten Bibliothekssäle. Bibliothek und Kapelle erschloß Eosander durch ein großes Treppenhaus, das neben dem gewaltigen Triumphbogen (Portal III) angelegt wurde, nicht wie die Treppen am inneren Hof (‚Schlüterhof') in den Risalit integriert. In dieser Disposition folgte er im Unterschied zu Schlüter nicht dem italienischen, sondern dem französi-

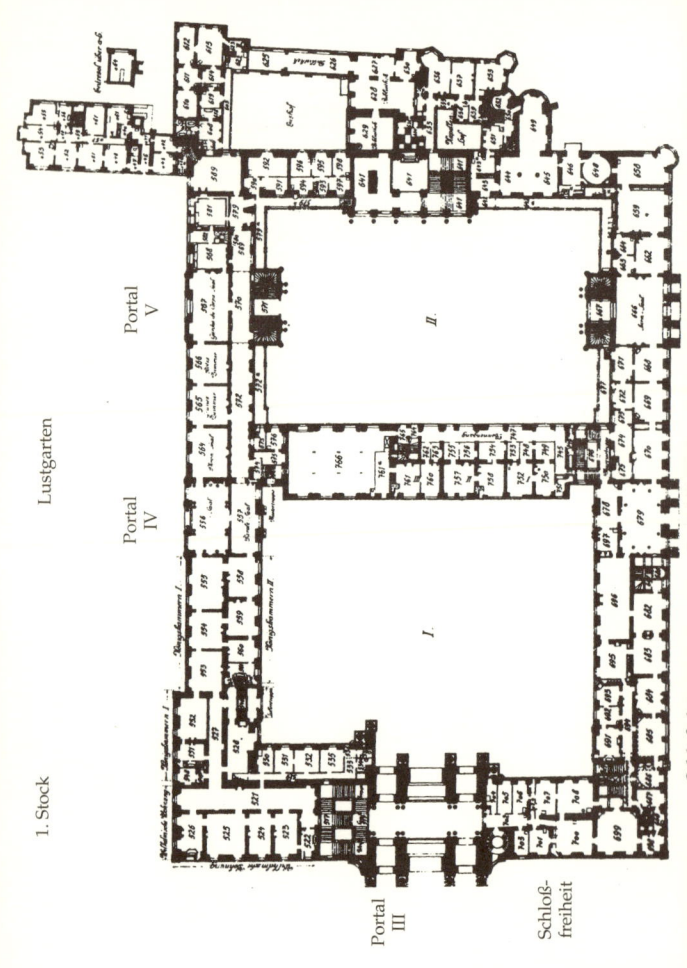

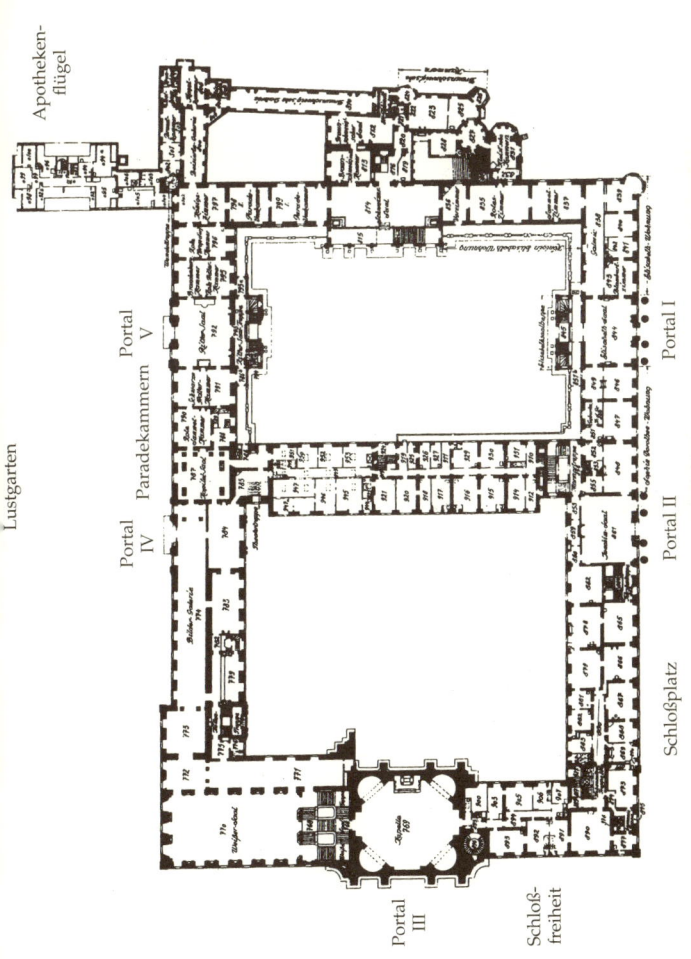

schen Vorbild. Die große Treppe ließ allerdings die Grenzen seiner Fähigkeiten erkennen, sie wirkte kleinlich.


**Verwaltungsbau am Exerzierplatz:
Des Soldatenkönigs Schloß**

Als Friedrich I. 1713 starb, fehlte zum Neuen Schloß noch das Stück vom Portal III bis zum Portal II. Sein Nachfolger Friedrich Wilhelm I. (1713–40), der als ‚Soldatenkönig' in die Geschichte eingegangen ist, war gegen Gepränge: Seinen Vater ließ er noch in dessen prunkvollem Stil bestatten; dann entließ er fast alle Künstler, unter ihnen auch Eosander. Der vom Großen Kurfürsten angelegte und von Friedrich I. verschönerte Lustgarten fiel dem nüchternen Sinn des Soldatenkönigs, der sich vorzugsweise in Uniform zeigte, noch im Jahr seines Regierungsantritts zum Opfer: Er ließ ihn einebnen und in einen Exerzierplatz umwandeln. Hatte sein Vater Friedrich I. nach dem Vorbild Ludwigs XIV. den Adel als Hofadel an den Staat binden wollen, so lag Friedrich Wilhelms I. Methode der Festigung des Absolutismus in einer Bindung des Adels an die Armee, was ihm bekanntlich auch gelungen ist.

Die Bauarbeiten am Schloß ließ Friedrich Wilhelm I. aber dennoch zu Ende bringen, das schuldete er seiner Ordnungsliebe. Die von Eosander über dem Triumphbogenportal (III) geplante Schloßkuppel allerdings wurde gestrichen. Schlüters Schüler Martin Heinrich Böhme schloß 1716 das große Viereck mit Portal II. Damit entfiel der eine von Schlüters Ecktürmen. Böhme schlug dem König noch vor, die Schloßplatzfront bis an die Spree zu verlängern, um mehr Symmetrie hineinzubringen. Das hätte auch den andern Eckturm Schlüters gekostet. Der König war aber an feiner Symmetrie nicht interessiert; so blieben beide Längsfronten etwas unregelmäßig. Er ließ auch einige Fenster der Wohnung, die er nach Vollendung des Karrees im ersten Stock der Stadtfassade bezog, breiter machen, was grobem Blick natürlich nicht auffiel. Später zog er ins Erdgeschoß der Lustgartenseite; dort ließ er wieder Fenster verbreitern, hier obendrein den Fußboden höher legen: Er wollte es hell und warm haben.

In dem neuen Viertel des Schlosses von Portal III bis Portal II brachte der König die sich kräftig entwickelnde Bürokratie des Zentralstaates unter: Im Erdgeschoß lagen die Kassenräume, in den Obergeschossen das Archiv und die Büros für das Generaldirektorium. Im Erdgeschoß des Querflügels – neben der Hofkonditorei – befand sich die geheime Kanzlei und Registratur. Unter dem ‚Alabastersaal' war zunächst die Schloßwache untergebracht, später wurde dorthin die Küche verlegt.

Der vermehrte Platz für die Staatsverwaltung reichte aber längerfristig nicht aus; schon unter dem Soldatenkönig setzte mit dem Bau des Kammergerichts (des heutigen Berlin-Museums in der Lindenstraße) die Auslagerung der Behörden ein. Sie beschleunigte sich im 19. Jahrhundert und war 1875 abgeschlossen. Seitdem fungierte das Schloß nur noch als Wohnung der königlichen Familie, als Domizil hoher Staatsgäste und als Ort großer Zeremonien wie der Eröffnung der Sitzungsperioden des Reichstags.

Friedrich Wilhelm I. hat, wie von nun an alle Könige, nicht die Zimmer seines Vaters bezogen, sondern ließ sich anderswo im Schloß neu einrichten. Er widmete die Staats- und Privaträume Friedrichs I., die Paradekammern (R.

775–799) und die Kurfürstenzimmer (R. 800–810), zur Festsuite für die Staatsfeste – das Krönungs- und das Ordensfest, die winterlichen Hofbälle, die Hochzeiten der Töchter – um. Bei solchen Gelegenheiten dienten die Kurfürstenzimmer der königlichen Familie, deren Angehörige meist nicht im Schloß wohnten (selbst die Könige haben nicht alle dort gewohnt), gewissermaßen als Stützpunkt. Bei den Hochzeiten waren die Kurfürstenzimmer Brautwohnung, woher das Schlafzimmer des Logements (R. 803) den Namen ‚Brautkammer' hatte.

In der Bildergalerie (R. 774), die zur Verbindung der ‚Paradekammern' mit seinem neuen Saal unentbehrlich war, ließ Friedrich Wilhelm I. die prächtigen, beinahe fertigen Decken übertünchen. Friedrich Wilhelm II. hat die Tünche wieder abnehmen lassen. Kaiser Wilhelm II. schließlich baute die Galerie zu einer Gobelingalerie um. Der Raum bekam dadurch eine falsche moderne Glätte.

Auch die Bibliothek und die Eosandersche Kapelle, die beim Tode seines Vaters im Rohbau standen, nutzte der Soldatenkönig in seinem Sinne. Verächter jeglicher Bildung, ließ er anstelle der Bibliothek Wohnungen einbauen, die Kapelle machte er zu seinem Festraum, dem ‚Weißen Saal' (R. 770). Er fühlte sich schon fest genug im Sattel, um den brandenburgisch-preußischen Adel wieder in toto ins Schloß einzuladen, wieder einen großen Saal einzurichten. (Friedrich I. hingegen hatte noch im Sinne des Absolutismus mit wenigen Vertrauten regieren wollen, und tatsächlich ist der von ihm eingerichtete ‚Rittersaal' in der Geschichte des Schlosses der kleinste Hauptsaal gewesen; gegen Ende seiner Regierung ließ er sogar den erst vom Großen Kurfürsten errichteten Ständesaal, den ‚Alabastersaal' verkleinern.) Allerdings hielt Friedrich Wilhelm I.

nicht viel auf kunstvollen Dekor, ließ den Saal ganz schlicht halten. Dafür stattete er ihn mit Unmengen von Silber aus, Leuchter, Wandarme, Möbel, Buffets – das alles ließ sich zur Not zu Geld prägen. Auch in seiner Wohnung stellte er erstaunlich viel Silber auf. Zur Finanzierung der Kriege Friedrichs des Großen reichte es dann doch nicht aus.


**Vom Rokoko zum Klassizismus**

Seit 1716 erfuhr das Äußere des Schlosses bis in die 1840er Jahre hinein kaum Veränderungen. Allerdings war es seit dem Soldatenkönig Tradition, daß sich jeder neue König neu einrichten, Umbauten im Innern vornehmen ließ. Von den Zimmern Friedrich Wilhelms I. selbst ist keines auf das Foto-Zeitalter gekommen, obwohl er sich drei Wohnungen ausbauen ließ.

Friedrich der Große (1740–86) wohnte zwar nur zu den winterlichen Staatsfesten im Schloß, ließ sich aber doch eine vollständige Wohnung mit Audienzsuite, Zeremonialsuite und Logement einrichten, die sich über den ersten Stock des östlichen Schloßplatzflügels und des Spreeflügels erstreckte. Hier durfte ein rundes Schreibkabinett nicht fehlen, wie er es in seiner Kronprinzenzeit im Turm in Rheinsberg gehabt hatte (R. 648); seine Nachfolger ließen es aus Pietät bestehen. Die Erasmus-Kapelle ließ Friedrich in drei Stockwerke teilen, um Dienerschaft, Adjutanten usw. unterzubringen, und nahm ihr damit ihre geistliche Funktion. Im ‚Alabastersaal' (R. 766) ließ er ein Schloßtheater unterbringen.

1747 mußte der alte Dom, die einstige Dominikanerkirche, wegen Baufälligkeit abgerissen werden. Im Lust-

*Abb. 11: Der Öffentlichkeit zugänglich: der Innere Schloßhof (‚Schlüterhof'). Blick von Norden. Gemälde von Eduard Gärtner, 1830.*

garten begannen noch im gleichen Jahr die Bauarbeiten für einen neuen herrscherlichen Kirchenbau, der 1750 eingeweiht wurde. Unter Friedrich trat eine Regelung in Kraft, die den Bürgern gestattete, die Portale I und V als öffentlichen Weg zu nutzen (Abb. 11 und 12).

Friedrich der Große hatte in den 46 Jahren seiner Regierungszeit am Rokoko-Stil seiner Jugendzeit starr festgehalten; seine späten Bauten, etwa das Neue Palais in Sanssouci, leiden an ästhetischer Sklerose. Die Künstler seufzten unter der veralteten Formvorschrift. Mit Friedrich

*Abb. 12: …und der Große Schloßhof ('Eosanderhof'). Blick von Norden. Gemälde von Eduard Gärtner, 1831.*

Wilhelm II. (1786–97) erhielt Berlin, wie in den Tagen Schlüters, die künstlerische Führung in Deutschland zurück. ‚Der dicke König', wie er genannt wurde, ein gutmütiger, musikliebender Bonvivant mit freimaurerisch-mystischen Neigungen und einer Vorliebe für amouröse Abenteuer, wohnte wieder viel im Schloß. Er baute eine ganze Anzahl bedeutender Suiten aus: die ‚Königskammern' (R. 553–560). Hierzu berief er zwei Architekten: Carl von Gontard (1731–91) und Friedrich Wilhelm von Erdmannsdorff (1736–1800).

*Abb. 13: Aus der schönsten klassizistischen Suite des Berliner Schlosses: der von Erdmannsdorff entworfene, mit Stuckreliefs von Schadow verzierte ‚Parolesaal' über Portal IV. Zwischen den Türen die berühmte, erst 1918 hier aufgestellte Marmorgruppe der Prinzessinnen Luise und Friederike von Schadow (1797). Foto um 1920.*

Carl von Gontard, der letzte bessere Architekt Friedrichs des Großen, auf den u.a. die Türme auf dem Gendarmenmarkt zurückgehen, entwarf die Audienzsuite im ersten Stock des Lustgartenflügels (R. 564–566), zwei Vorzimmer und den ‚Thronsaal' (R. 564), schöne Räume in etwas derbem Louis-seize.

Eine sich anschließende Zeremonialsuite für Hofleben und diplomatischen Verkehr, die ‚Königskammern', baute Friedrich Wilhelm von Erdmannsdorff aus, ein Vertreter des damals modernen frühklassizistischen Stils und Hofarchitekt von Anhalt-Dessau, einem Satelliten Preußens. Diese bei weitem schönste Suite des deutschen Klassizismus bestand aus dem ‚Parolesaal' (R. 557, Abb. 13), dem ‚Großen Säulensaal' (R. 556), drei Zimmern und mehreren Kabinetten. Der junge Gottfried Schadow lieferte strahlend schöne Stuckreliefs dazu. Leider hat Kaiser Wilhelm II. die Erdmannsdorffschen Kabinette zerstören lassen, um Gästezimmer zu gewinnen; nicht einmal fotografiert hat man sie. Die Privatzimmer parallel dazu nach dem Großen Schloßhof (,Eosanderhof') hinaus, darunter das Konzertzimmer (R. 559), baute wieder Gontard aus. Für die Königin stattete Carl Gotthard Langhans (1732–1808), der das Wahrzeichen Berlins, das Brandenburger Tor entworfen hat, eine große Suite im Schloßplatzflügel aus. – Genau besehen beginnt mit dieser Zeit der Historismus: Der König ließ bei Umbauten alte Bauformen imitieren und sogar statt der eigenen gelegentlich auch die Initialen Friedrichs I. anbringen.

Friedrich Wilhelm II. zog an der Spitze der Fürsten Europas ins Feld, um die Französische Revolution zu erwürgen – man lese Goethes Bericht *Kampagne in Frankreich*. Dennoch konnte er nicht verhindern, daß die

Revolution die Schicksale der beiden folgenden Könige von Preußen bestimmte: Friedrich Wilhelm III. mußte erleben, daß die Revolutionstruppen unter Napoleon Preußen besiegten, und unter dessen Sohn Friedrich Wilhelm IV. schließlich kam die Revolution in Preußen selbst zum Ausbruch.

Friedrich Wilhelm III. (1797–1840) war ein bescheidener, äußerst zurückhaltender Mann. Er blieb nach seinem Regierungsantritt im benachbarten Kronprinzenpalais wohnen und hat im Schloß nur die Staatsfeste begangen. Seine Gemahlin aber, die überaus populäre Königin Luise, lebensvoller und beweglicher von Natur, blieb nicht im Kronprinzenpalais, sondern bezog einen Teil der Wohnung ihres Schwiegervaters im Schloß, und zwar deren schönste Zimmer. In Umkehr der traditionellen Einteilung ließ sie sich das bisherige ‚Grand Cabinet' Friedrich Wilhelms II. (R. 553) als Schlafzimmer herrichten. – Damit war die Richtung auf die heutige bürgerliche Wohnweise eingeschlagen: Befand sich doch nun der Wohnbereich nicht mehr hinter dem Schlafzimmer, sondern davor. Der Hof war mittlerweile so verbürgerlicht, daß man König und Königin Unter den Linden in der Öffentlichkeit spazieren gehen sehen konnte.

Kaum zehn Jahre, nachdem die Königin die Anordnung ihrer Suite solchermaßen bestimmt hatte, bezog Napoleon als Sieger über Preußen die ‚Königskammern'. Als er im Winter 1806/07 in Berlin residierte, hatte er sein Nachtlager in demselben Raum, wie vorher die Königin. Die Franzosen gaben nicht nur Anstoß für die bürgerlichen Reformen in Preußen; von ihrem Sinn für Systematik rührt auch die Numerierung der Schloßportale her.

## Zwischen Gottesgnadentum und bürgerlicher Revolution: Die Vollendung des Schlosses

Waren unter Friedrich Wilhelm III. nach dem Ende der französischen Besatzungszeit allenfalls geringfügige Baumaßnahmen durchgeführt worden, so kam mit seinem Sohn, dem Romantiker Friedrich Wilhelm IV. (1840–58), ein architekturbegeisterter, selbsttätig künstlerisch entwerfender Monarch auf den preußischen Königsthron. Schon als Kronprinz hatte sich dieser im Schloß eine Wohnung im Mittelgeschoß an der Ecke zur Langen Brücke ausbauen lassen, nach Entwürfen Schinkels, der einerseits ein Hauptmeister des europäischen Restaurations-Klassizismus war, anderseits auch gotisch entworfen hat.

Das Arbeitskabinett und die Privatbibliothek des Kronprinzen unter den spätgotischen Gewölben der einstigen Erasmus-Kapelle Joachims II. (R. 831) wurden gotisch eingerichtet, unter den weiteren sehr eigenartigen Räumen war der ‚Sternsaal' (R. 666) demonstrativ klassizistisch; der Dekor, besonders die Säulen, sollte die traditionelle, auf der Antike fußende fürstliche Legitimität darstellen. Indessen wurde diese seit der Aufklärung bestritten und war von der Französischen Revolution in ihrer Glaubwürdigkeit schwer erschüttert worden. Alle Staatsklassizismen wirken seither leer oder verkrampft.

In die Kronprinzenzeit Friedrich Wilhelms IV. fiel auch – Auftakt für eine Umgestaltung des nördlichen Teils der Spreeinsel zu einer „Freistätte für Kunst und Wissenschaft" – die Errichtung des (Alten) Museums im Lustgarten. Damit wurde dieser Ort zu einem Stadtplatz, der erste mit Schmuckbepflanzung hierzulande – Muster war das Palais Royal in Paris. Als König ließ Friedrich Wilhelm IV. 1842 die im wesentlichen von ihm selbst konzipierten, bepflanzten Terrassen vor der Lustgartenfassade des Schlosses anlegen, mit denen er den Schloßsockel dem Blick ‚romantisch' entrückte. Die Adlersäule auf der Ecke bei der Schloßbrücke, ein Paar Rossebändiger vor Portal IV ergaben eine für diese Zeit typische – und sehr gelungene – Parksituation. Die Rossebändigergruppen waren ein Geschenk seines Schwagers, des Zaren Nikolaus I.; die Gegenstücke hierzu befinden sich in St. Petersburg.

Den von ihm mit Schinkels Assistenz im Lustgarten geschaffenen Architekturplatz konnte Friedrich Wilhelm IV. als seinen eigenen ansehen. Bei seinem Regierungsantritt 1840 nahm er dort, auf einer vor Portal IV aufgebauten Tribüne, seine Huldigung durch das Volk entgegen, bei der er sich gegen alles Herkommen mit einer bewegenden Ansprache über das Verhältnis von König und Volk persönlich an die Versammelten wandte.

Die beschworene Harmonie zwischen König und Volk war indessen trügerisch. Daß Friedrich Wilhelm IV. gegen den bürgerlichen Widerstand am Gottesgnadentum des Königs festhielt, fand auch seinen Niederschlag im Außenbau des Schlosses, den er in den Jahren 1843-52 vollenden ließ. Auf Portal III wurde durch seinen Hofarchitekten Friedrich August Stüler die neue Schloßkapelle (R. 769) errichtet, die durch eine große Kuppel bekrönt wurde. Wenn diese auch stadtlandschaftlich ihre Wirkung tat – sie war über der ganzen Stadt zu sehen –, architektonisch schadete sie dem Schloß, machte es klein. Im Inneren der Schloßkapelle waren die Formen byzantinisch, bezogen auf das spätantike Kaisertum (Abb. 14).

Auch den für den Empfang der Abgeordneten bestimmten ‚Weißen Saal' ließ Friedrich Wilhelm IV. prächtig aus-

*Abb. 14: Eine byzantinische Kapelle unter der großen Schloßkuppel: Die neue Kapelle Friedrich Wilhelms IV. Das Bild zeigt die Trauung des Prinzen und späteren Kaisers Wilhelm (II.) mit Prinzessin Auguste Viktoria von Schleswig-Holstein am 27. Februar 1881. Aus: Das Buch für Alle, H. 18, 1881.*

gestalten. Wenn auch der Thron schwankte – noch führte der Hof kulturell. Hier eröffnete der König am 11. April 1847 den vereinigten preußischen Landtag mit der berühmten Rede, in der er der Einrichtung einer konstitutionellen Verfassung mit der Begründung eine Absage erteilte, daß sich zwischen seine Untertanen und Gott kein mit Paragraphen beschriebenes Papier drängen dürfe. Knapp zwei Jahre später nur, am 26. Februar 1849, mußte der König im gleichen Saal das nach der Verfassung gewählte Parlament eröffnen – die unbedingte Machtstellung der Könige von Preußen war endgültig dahin (Abb. 15).

Der Balkon des ‚Sternsaals' über Portal I hingegen war der Ort, an dem der König am 18. März 1848 der jubelnden Menge auf dem Schloßplatz die Einrichtung einer Verfassung, bürgerliche Freiheiten und die nationale Einheit Deutschlands versprach. Kurz darauf fielen aus den Reihen der Infanterie jene beiden berühmten Schüsse, die die Revolution auslösten. Am folgenden Tag, nach einer Nacht der Barrikadenkämpfe und nach dem schließlichen Abzug des Militärs, war der Innere Schloßhof (‚Schlüterhof') Schauplatz einer dramatischen Szene: Hier hatte sich der Leichenzug mit den gefallenen Revolutionären versammelt. König und Königin mußten auf die Galerie vor ihren Zimmern treten und auf den Ruf „Hut ab" den toten Aufständischen Ehre bezeigen – eine Demütigung, wie sie kein deutscher Monarch je erfahren hat.

Nachdem General Wrangel am 10. November 1848 mit seinen Truppen in Berlin eingezogen war und damit die Revolution beendet hatte, nahm er im Schloß Logis. Doch schon in der ersten Nacht mußte er seinen Pfarrer rufen: Denn ihm, der gerade eben unmißverständlich demonstriert hatte, wer der Inhaber der faktischen Gewalt in der Stadt sei, war im Schloß die ‚Weiße Frau' erschienen. Doch für diesen Abend konnte der Pfarrer den alten Herrn von seiner Gespensterfurcht kurieren und den Spuk auflösen: Es war nur ein Schornsteinfegerjunge, der bei Reinigungsarbeiten in die Kaminröhre geraten war, und, überrascht von Geräuschen im Nebenzimmer, sich hinter einer Marmorstatue verborgen hatte, die zum Schutz gegen Fliegen und Staub mit einem weißen Schleier behängt worden war.

*Abb. 15: War auch die unbedingte Machtstellung der Könige von Preußen endgültig dahin – noch führte der Hof kulturell: Eröffnung des Vereinigten Landtags durch Friedrich Wilhelm IV. am 11. April 1847 im neu hergerichteten ‚Weißen Saal'. Lithographie von Loeillot.*

Am 3. April 1849 fand im ‚Rittersaal' jener denkwürdige Empfang der Deputation der Paulskirchenversammlung, jenem ersten kurzlebigen gesamtdeutschen Parlament, statt, bei dem Friedrich Wilhelm IV. die ihm angetragene Kaiserkrone als „Diadem, aus dem Dreck der Revolution geknetet" ausschlug. Nachdem mit Hilfe der preußischen Truppen die alte Ordnung in ganz Deutschland wiederhergestellt worden war, ließ der König aus der von ihm erlassenen Verfassung viele unbequeme Bürgerrechte wieder heraus-,reformieren', fand es aber doch gut, diese Verfassung feierlich zu beschwören. Dies geschah wieder im ‚Rittersaal' des Berliner Schlosses, am 6. Februar 1850. Im übrigen zog es Friedrich Wilhelm IV. von nun an vor, in Potsdam zu wohnen. Sogar bei den Landtagseröffnungen 1851–53 ließ er sich vom Ministerpräsidenten vertreten.


**Unter Ausschluß der Öffentlichkeit:
Das kaiserliche Schloß**

Wilhelm I. (1858–88), seit 1858 Regent für seinen psychisch erkrankten Bruder Friedrich Wilhelm IV., seit 1862 König, seit 1871 deutscher Kaiser, hat nicht im Schloß gewohnt, sondern im Kronprinzenpalais. Immerhin durfte sein Vetter Anton Fürst von Hohenzollern-Sigmaringen, den er zum preußischen Ministerpäsidenten berufen hatte, als Verwandter im Schloß wohnen und baute sich im ersten Obergeschoß des südlich an Portal III grenzenden Traktes eine hochelegante historistische Suite aus, die ‚Hohenzollern-Wohnung' (R. 698–708).

Keineswegs stand Wilhelm I., der sich nur widerwillig durch Bismarck zur Annahme der Kaiserkrone hatte bewegen lassen, der Sinn danach, dieser Rangerhöhung auch baulich Ausdruck zu verleihen. Lediglich die ‚Alte Kapelle' (R. 787), die durch die neue Kapelle mit der großen Kuppel über dem Eosanderportal disponibel war, ließ er 1880 für das Ordenskapitel des Schwarzen Adlers herrichten. Die bis dahin nur bemalte provisorische Wand Eosanders wurde nun in Stuck ausgeführt, Fries und Supraporten neu dekoriert, sodaß der Raum auf den Fotos sehr historistisch wirkt. 1885 opferte Wilhelm I. ein Drittel der Apotheke dem Durchbruch der heutigen Liebknecht-Straße, um bei den für die Anlage der Straße nötigen Enteignungen mit gutem Beispiel voranzugehen.

Die Anpassung des Schlosses an den neuen Rang war erst das Anliegen der Nachfolger. Kaiser Friedrich III. ließ in seiner langen Kronprinzenzeit Pläne ausarbeiten, die tief in den Bestand des Schlosses eingegriffen hätten. Sie gelangten nicht zur Ausführung, da er, als er endlich 1888 den Thron bestieg, bereits von Krankheit gezeichnet war und nach 99 Tagen Herrschaft starb. Wenige Tage vor seinem Tod soll sich wieder die ‚Weiße Frau' gezeigt haben, diesmal einem Wachposten im Charlottenburger Schloßpark. Dieser glaubte nicht an Gespenster und rief die Erscheinung dreimal an. Als sie nicht reagierte, schoß er. Sie aber sah ihn nur ernst an und glitt an ihm vorüber. Entsetzt ließ er das Gewehr sinken... Die gründliche Durchsuchung durch die alarmierte Wache blieb ergebnislos.

Der letzte Hohenzoller auf dem Thron, Kaiser Wilhelm II. (1888–1918), hat wieder viel am und im Schloß bauen, umbauen, neu einrichten lassen, um auf diese Weise das Königs- in ein Kaiserschloß zu verwandeln. Die seit den Tagen Friedrichs des Großen öffentlich zugänglichen Schloßhöfe ließ er 1890 für den Publikumsverkehr sperren und sämtliche Portale mit schweren Gittertoren sichern, was ihm von den Berlinern sehr übelgenommen wurde. 1893 mußten die Bürgerhäuser auf der Schloßfreiheit dem Nationaldenkmal Kaiser Wilhelms I. ‚des Großen' weichen, das, 1897 aufgestellt, die Gründung des Hohenzollern-Kaiserreichs 1871 symbolisierte. Damit war das Schloß von Westen freigestellt. Das tat seinem Maßstab nicht gut. 1893 wurde auch der alte friderizianische Dom abgerissen und durch den 1905 vollendeten, architektonisch äußerst schwachen Kaiser-Dom ersetzt, der überdies viel zu groß für den Platz ist.

1901 ließ der Kaiser schmalere Terrassen vor der Schloßfreiheitsseite und vor der Schloßplatzseite entlangziehen, dies aber nicht aus ästhetischen Gründen, sondern um hinter den Terrassen einen Graben zu verbergen, der ermöglichte, das Schloß militärisch zu verteidigen. In die Portalrisalite wurden versteckte Schießscharten eingebaut, aus denen der Graben bestrichen werden konnte. Das Schloß wurde auch energietechnisch autark gehalten, an der Spreeseite hinter der Apotheke ein Maschinenhaus zur Stromerzeugung ausgebaut.

Auch im Innern des Schlosses ließ Wilhelm II., der hier wieder selbst wohnte, eine große Zahl Umbauten vornehmen, wobei er befahl, daß alles im alten Stile, im Sinne Schlüters gehalten werde. Dabei verfolgte er offenbar das Ziel, sämtliche deutschen Fürsten auf einmal im Schloß standesgemäß unterbringen zu können, baute er doch Gästesuiten um Gästesuiten. Die ‚Paradekammern' wollte er für die Staatsfeste des Kaiserreichs um das ganze Schloß herumführen. Die Schlüterschen Suiten der Königin und des Kronprinzen reichten von Osten her bis an Portal II, die vorhandenen ‚Paradekammern' andersherum bis Portal III. Von den neuen Räumen kam nun über Portal II der ‚Joachimsaal' (R. 861) zur Ausführung, in Neurenaissance mit echten alten Gobelins aus dem Kunsthandel. Um an der Kapelle auf Portal III vorbeizukommen, sollte eine Raumreihe in den Großen Schloßhof (‚Eosanderhof') vorgebaut werden. Als das neben dem ‚Weißen Saal' und der ‚Weißen-Saal-Treppe' geschehen war, stürzte 1918 die

Monarchie, und im Schloßhof blieb die häßliche Anschlußmauer für das weitere Bauprogramm stehen.

Wichtigste Ausbaumaßnahme war die Erneuerung des ‚Weißen Saals' in klassizistischen und barocken Formen durch den eher zweitrangigen Hofarchitekten Ernst von Ihne – die Einrichtung seines Großonkels Friedrich Wilhelm IV. erschien Wilhelm II. nicht großartig genug. Wie schon beim Dom und Kaiser-Wilhelm-Denkmal dokumentierte das Ergebnis, daß der Hof die künstlerisch-kulturelle Führung im Lande verloren hatte: Auf den Fotos wirkt der Saal grob auftrumpfend und schlecht proportioniert, eine Demonstration der Gewaltsamkeit aus Schwäche. Die Monarchie muß innerlich völlig verunsichert gewesen sein. In mancherlei Staatsbauten in wilhelminischem Barock – Gerichte, Hochschulen – gibt es schönere Räume.

Am 1. August 1914 hielt der Kaiser vom Balkon über Portal V seine berühmte Rede, in der er dem Volk den Kriegsbegin ankündigte und hinzufügte: „In dem jetzt bevorstehenden Kampfe kenne ich in meinem Volk keine Parteien mehr. Es gibt unter uns nur noch Deutsche, und welche von den Parteien auch im Laufe des Meinungskampfes sich gegen mich gewendet haben sollte, ich verzeihe ihnen allen von ganzem Herzen."

Vier Jahre später, am 9. November 1918 – der Sozialdemokrat Philipp Scheidemann hatte soeben vom Reichstagsgebäude aus die Abdankung des Kaisers bekanntgegeben und die Republik ausgerufen –, rief Karl Liebknecht vom Balkon über Portal IV die „sozialistische Republik Deutschland" aus. Damit hatte das Schloß aufgehört, die Residenz der preußischen Könige und deutschen Kaiser zu sein.

Symbolträchtige Orte: Drei Jahrzehnte später, am 7. Dezember 1948, Berlin hatte sich soeben geteilt, richtete der gewählte West-Berliner Bürgermeister Ernst Reuter vor dem Reichstagsgebäude an die freie Welt seinen Appell: „Ihr Völker der Welt ... schaut auf diese Stadt". Das Schloß hingegen, im sowjetischen Sektor Berlins gelegen, wurde bald darauf gesprengt. Nur das Portal IV mit dem Balkon, auf dem Karl Liebknecht die sozialistische Republik ausgerufen hatte, wurde verschont und 1962/64 in das Staatsratsgebäude eingebaut, wo es nun städtebaulich falsch, falsch vor der Flucht, falsch über die Traufe ragend und in falscher steinsichtiger Fassung wenig gut wirkt.

**Nach dem Sturz der Monarchie**

In der Verwirrung des Zusammenbruchs Preußen-Deutschlands Ende 1918 wurde um das Schloß gekämpft. Es wurde mehrfach besetzt und beschossen. Die Besitztümer der Hohenzollern wurden zum Staatseigentum erklärt; gleichwohl rollten noch im Sommer 1919 rund 50 Eisenbahnwaggons mit Ausstattung Richtung Holland, wo sich Wilhelm II. auf Schloß Doorn im Exil einrichtete.

In die Paradekammern zog bald darauf das Kunstgewerbe-Museum ein und nannte sich fortan Schloß-Museum. Ob die Preußische Ministerial-Bürokratie auf diese Weise verhindern wollte, daß die Weimarer Republik hier repräsentierte, Reichspräsident Friedrich Ebert den Reichstag eröffnete wie vor ihm der Kaiser? Zeitweilig war im Schloß darüber hinaus ein Museum für Leibesübungen untergebracht. Andere Räumlichkeiten wurden durch wissenschaftliche Institutionen und Behörden bezogen: Die

Kaiser-Wilhelm-Gesellschaft, das Psychologische Institut der Universität, die auch in der alten Schloßküche eine Mensa einrichtete und mit dem ‚Helene-Lange-Heim' Raum für unverheiratete Studentinnen unterhielt, ferner das ‚Fürsorgeamt für Beamte aus dem Grenzgebiet', die ‚Gewerkschaft Deutscher Verwaltungsbeamter'. Das dritte Stockwerk und die Schloßapotheke wurden privat vermietet, und im Weinkeller logierte die Sektfirma Lutter und Wegener. Die Wohnung des letzten Kaisers wurde museal gezeigt.

Die Nationalsozialisten konnten in den 1930er Jahren noch nicht wagen, das Schloß für ihre Zwecke zu benutzen – noch war die Armee mit ihrem großenteils preußisch gesonnenen Offizierskorps zu mächtig. Nur der Lustgarten wurde – rechtzeitig zur 1.-Mai-Demonstration 1936 – zum Aufmarschplatz planiert und gepflastert. Im Zweiten Weltkrieg wurden Museum, Schloßbibliothek und Kunstwerke aus dem Schloß ausgelagert. 1943/44, der Bombenkrieg gehörte längst zum Alltag, begann man, offensichtlich in Erwartung des bevorstehenden Unheils, die Schloßinnenräume photographisch zu dokumentieren.

**Die Hinrichtung eines Kulturdenkmals**

Im Mai 1944 wurde das Schloß erstmals ein Opfer der Luftangriffe: Sprengbomben rissen ein großes Loch in die Fassade der Lustgartenseite westlich von Portal IV. Beim großen Bombenangriff vom 3. Februar 1945, dem schwersten des Zweiten Weltkriegs überhaupt, wurde das Schloß von zahlreichen Spreng- und Brandbomben getroffen. Das Feuer wütete tagelang; in den Flammen ging der feste

Ausbau mit der großartigsten Suite des deutschen Barock und der schönsten des deutschen Klassizismus unter.

Am Ende des Krieges erhob sich das Schloß als gigantischer Torso inmitten der Ruinenlandschaft des alten Berliner Zentrums, das Teil des sowjetischen Sektors geworden war. Ein großer Teil des Inneren war zwar vernichtet, doch seine wuchtigen Außenmauern hatten bis auf wenige Einbruchstellen standgehalten (Abb. 16). Schon im Sommer 1945 waren die Sicherungsmaßnahmen soweit gediehen, daß die Schlösserverwaltung mit der Plankammer wieder in das Schloß zurückkehren konnte. In dem auf Initiative des Baustadtrats Hans Scharoun gesicherten ‚Weißen Saal' konnten ab 1946 eine Reihe von bedeutenden Ausstellungen gezeigt werden, deren letzte der Einhundertjahrfeier der Revolution von 1848 galt.

Weil jedoch die Zerstörungen in den Köpfen, angerichtet durch den Nationalsozialismus, weitaus verheerender noch waren, als die Schäden des Bombenkriegs, haben die Verantwortlichen in Ost- und Westdeutschland immer weiter zerstört, in West-Berlin z.B. die Reichstagskuppel.

In Ost-Berlin hingegen war die einstige Hohenzollernresidenz als Symbolbau legitimer Herrschaft und kultureller Identität dem Haß der kommunistischen Machthaber ausgesetzt. Insbesondere Walter Ulbricht, der, gelernter Möbel- und Bautischler, sich als Fachmann in Architekturfragen wähnte, machte sich für die Beseitigung des Schlosses stark, an dessen Stelle er einen Aufmarschplatz der Werktätigen nach dem Vorbild des Moskauer Roten Platzes vorsah. Erst im August 1950, wenige Tage vor Beginn der ersten Sprengung, wurde die Öffentlichkeit über die bevorstehende Zerstörung des Schlosses informiert – oder besser: über seinen Zustand und seine Wiederherstellbarkeit

*Abb. 16: Den Bombenkrieg überstanden: Das ausgebrannte Schloß als gigantischer Torso inmitten der Ruinenlandschaft. Aufnahme 1950.*

desinformiert. Die zahlreichen Protestschreiben von Kunstexperten – unter ihnen der Architekt Hans Scharoun und der bedeutende Kunsthistoriker und Professor an der Humboldt-Universität, Richard Hamann – und namhaften Vertretern der DDR-Intelligenz (u.a. der Akademie der Wissenschaften) an die Machthaber verhallten unerhört, ihre Zeitungsartikel und Rundfunkbeiträge zu diesem Thema wurden unterbunden: Diese Entscheidung war eine ideologisch-politische.

Statt einer ausgewogenen Debatte wurde eine Sitzung des Kulturbundes einberufen, auf der, selbstverständlich unter Ausschluß der aufbegehrenden Wissenschaftler und damit in nur allzu bekannter ‚Einstimmigkeit', der Abriß des Schlosses sanktioniert wurde. Allerdings ließ man vor

*Abb. 17: Die vom Schlüter-Schüler Böhme 1716 fertiggestellte Südfassade westlich von Portal II wird am 15. September 1950 gesprengt.*

und während der Sprengungen Skulpturen bergen und von einigen Stukken Abgüsse herstellen. Diese Reste sind heute auf verschiedene Museen verteilt.

Die Sprengarbeiten begannen am 7. September 1950 morgens 9 Uhr mit der Niederlegung der Reste der Schloßapotheke. Vergebens versuchte Hamann durch seine persönliche Anwesenheit vor Ort den barbarischen Akt aufzuhalten. Am 15. und 16. September wurde der südwestliche, zwischen Portal II und III gelegene Trakt gesprengt, jener jüngste, unter dem ‚Soldatenkönig' fertiggestellte Teil des Schlosses (Abb. 17). Am 14. Oktober folgten die Reste von

*Abb. 18: Der älteste Teil des Schlosses mit ‚Grünem Hut' und Kapellenturm stürzt in die Spree.*


Portal II und die Südwand des ‚Eosanderhofs'. Kurz darauf, am 19. Oktober, wurde die Südostecke mitsamt dem Schreibkabinett Friedrichs des Großen vernichtet. Schlüters Meisterwerk, die am Schloßplatz gelegene Fassade mit Portal I, verwandelte sich am 29. Oktober in einen Schutthaufen. Um dessen Zerstörung perfekt zu machen, hatte man hier sogar darauf verzichtet, Skulpturen zu entfernen und Abgüsse zu verfertigen. Der 4. November brachte die Sprengung der Reste des Spreeflügels und mit ihnen die Vernichtung des ältesten Schloßteils: Das ‚Herzoginnen-Haus', der ‚Grüne Hut' und der Turm der Erasmuskapelle stürzten in die Spree (Abb. 18). Am 7. Dezember – *vis-à-vis* im Lustgarten hatte kurz zuvor der traditionelle Weihnachtsmarkt eröffnet – wurde mit Portal V und ‚Rittersaal' das Werk des Baumeisters Schlüter endgültig ausgelöscht. Die an Schloßfreiheit und Lustgarten gelegene Nordwestecke des Schlosses mitsamt dem ‚Weißen Saal' wurde am 11. und 12. Dezember vernichtet. Den Höhepunkt bildete die Sprengung des Portals III am 30. Dezember, jenes von Eosander geschaffenen Triumphbogens mit der Stülerschen Schloßkapelle und -kuppel.

Verloren erhob sich nun das Portal IV mit dem sogenannten ‚Liebknechtbalkon' inmitten der Trümmer; es wurde im Januar 1951 mit Stroh abgepolstert gesprengt, seine Reste auf einem Bauplatz zwischengelagert. Rechtzeitig zum 1. Mai 1951 war das Schloßareal zum überdimensionalen Aufmarschplatz eingeebnet; über den ältesten Fundamenten des Schlosses an der Spreeseite erhob sich eine Ehrentribüne (Abb. 19).

Als die totalitären Machthaber der DDR in den Jahren 1973–76 an der Stelle des einstigen Schlosses den ‚Palast der Republik' errichteten, schufen sie nicht nur einen Repräsentationsbau von ihren Gnaden, sondern auch ihres Geschmacks: ein Bauwerk von herausragender Häßlichkeit auf einem öden Platz. Das Volk jedoch, dessen Vertreter zu sein sie vorgaben, ließ sich nicht täuschen und taufte jenen Popanz ‚Palazzo Prozzo'.

In Frankreich und Rußland war es der einstige Souverän, der Monarch, der in der Revolution hingerichtet wurde. Versailles und der Louvre blieben ebenso erhalten wie der Winterpalast in Petersburg oder der Moskauer Kreml. In Deutschland hingegen ließ man den Kaiser in ein komfortables Exil ausreisen; bestraft wurde stattdessen

*Abb. 19: Eine Ehrentribüne über den ältesten Fundamenten des Schlosses an dem zum Aufmarschplatz der Werktätigen planierten Schloßareal. Blick von Südwesten. Im Hintergrund der zerstörte Kaiserdom. Aufnahme von 1951.*

das Volk, das unter wechselnder tyrannischer Herrschaft den Zugang zu seinem kulturellen Erbe verlor und darüber seiner kulturellen Identität zunehmend verlustig ging. Die Sprengung des Berliner Schlosses kann als Symbol *par excellence* hierfür angesehen werden.

Man darf gespannt sein, was das wiedervereinigte Deutschland aus dem Ort und der Tradition machen wird.

**Literatur**

Geyer, Albert: Geschichte des Schlosses zu Berlin. Berlin 1992.

Hanemann, Regina: Das Berliner Schloß. Ein Führer zu einem verlorenen Bau. Berlin 1992.

Förderverein Berliner Stadtschloß (Hrsg.): Das Schloß? Eine Ausstellung über die Mitte Berlins (Katalog). Berlin 1993.

Peschken, Goerd/Klünner, Hans Werner: Das Berliner Schloß. Frankfurt/Main-Wien-Berlin 1982.

Peschken, Goerd: Das königliche Schloß zu Berlin. Bde. 1 und 2, München 1992 und 1998.

Petras, Renate: Das Schloß in Berlin. Von der Revolution 1918 bis zur Vernichtung 1950. Berlin 1992.

Räther, Helmut: Vom Hohenzollernschloß zum Roten Platz. Berlin 1952.

Rollka, Bodo/Wille, Klaus-Dieter: Das Berliner Stadtschloß. Geschichte und Zerstörung. Berlin 1987.

Streckfuß, Adolf: 500 Jahre Berliner Geschichte. Vom Fischerdorf zur Weltstadt – Geschichte und Sage. Berlin 1886[4].

Wiesinger, Liselotte: Das Berliner Schloß. Von der kurfürstlichen Residenz zum Königsschloß. Darmstadt 1989.

–: Deckengemälde im Berliner Schloß. Frankfurt/Main-Wien-Berlin 1992.

**Abbildungsnachweise**

Stiftung Stadtmuseum, Berlin: 1/Goerd Peschken, Das königliche Schloß zu Berlin. Bd. 1, München 1992: 2/Staatsbibliothek Preußischer Kulturbesitz: 3/Hans-Werner Klünner, Berlin: 4, 6, 14, 15/Verwaltung der Staatlichen Schlösser und Gärten, Berlin: 5, 9/Lorenz Berger, Thesaurus Brandenburgicus, Bd. III: 7/Robert Dohme, Das Königliche Schloß in Berlin. Leipzig 1876: 8/Stiftung Schlösser und Gärten Potsdam-Sanssouci, Plankammer: 11, 12/Brandenburgisches Landesamt für Denkmalpflege, Meßbildarchiv: 13, 17/Haude & Spenersche Verlagsbuchhandlung Berlin, Verlagsarchiv: 18/Landesbildstelle Berlin: 16, 19.

Die Deutsche Bibliothek – CIP-Einheitsaufnahme

Peschken, Goerd; Althoff, Johannes:
Das Berliner Schloß / Goerd Peschken; Johannes Althoff.
Markus Sebastian Braun (Hrsg.) — Berlin: Berlin-Ed., 2000
(Berliner Ansichten Bd. 11)
  Engl. Ausg. u.d.T.: Peschken, Goerd; Althoff, Johannes:
  The Berlin Palace
  ISBN 3-8148-0012-5

Copyright 2000 by Berlin Edition
in der Quintessenz Verlags-GmbH, Berlin.

Dieses Werk ist urheberrechtlich geschützt. Jede Verwertung außerhalb der engen Grenzen des Urheberrechtsgesetzes ist ohne Zustimmung des Verlags unzulässig und strafbar. Dies gilt insbesondere für Vervielfältigungen, Übersetzungen, Mikroverfilmungen sowie die Einspeicherung und Verarbeitung in elektronischen Systemen.

1. Auflage / April 2000
Umschlagkonzeption: Martin A. Hospach

Druck und Bindung: Bookprint, S. L., Barcelona, Spanien.